Shinergy®
DIE MACHT IN DIR

Aus Gründen der einfacheren Lesbarkeit wird auf die geschlechtsspezifische Differenzierung verzichtet. Entsprechende Begriffe gelten grundsätzlich für beide Geschlechter.

Impressum:
ISBN: 978-3-902672-88-9

Media Quarter Marx 3.2
A-1030 Wien, Maria-Jacobi-Gasse 1

Produktion: Ilse Helmreich
Produktionsassistenz: Brigitte Lang
Layout: Elisabeth Waidhofer
Coverbild: Oliver Jiszda
Bilder: Shinergy®
Lektorat: Patrizia Maurer
Herstellungsort: Wien

Besuchen Sie uns im Internet:
www.echomedia-buch.at

Shinergy®

DIE MACHT IN DIR

Selbstbestimmt und souverän
in der Arena des Alltags

RONNY KOKERT

echomedia
BUCHVERLAG

Ich widme dieses Buch der Liebe.

Der Liebe zu meiner Tochter Kim.

Der Liebe und unendlichen Dankbarkeit
für meine Schwester Birgit Thiel.

Der Liebe zu und innigen Verbundenheit
mit meiner Seelengefährtin Karoline Ehrlich.

Der Liebe und ewigen Bande
zu meinem besten Freund Tom Knöbl.

Der Liebe und dem grenzenlosen Respekt
für meine Eltern, meine Familie und meine Freunde.

Der Liebe und Freundschaft
für meine Mitarbeiter, Instruktoren, Schulleiter
und für alle Shinergy-Helden.

In besonderer Dankbarkeit für: Oliver Jiszda, Jennifer Haslinger, Viktoria Ecker, Lisa Auteried, Hans Hwesta, Roland Düringer, Felix Okon, Denis Gasparik, Evelyne Kokert, Lukas Pezenka, Tom Reiss, Chris Eppensteiner, Tom Kindler, Markus Gull, Peter Hofbauer, Dietmar Frühauf, Rudolf Kracher, Ilse Helmreich, Brigitte Lang und Elisabeth Waidhofer

INHALT

PROLOG

Alle Kraft ist schon in uns!

Ich habe gekämpft, geliebt, geweint und gelacht.
Mein Bestes gegeben und so viele Fehler gemacht.
Ich war im Himmel, in der Hölle, voll Freude und Leid.
Von allen Fesseln befreit und gefangen in der Einsamkeit.
Ich bin fast an der Gier nach Leben gestorben.
Und erst im Angesicht des Todes geboren worden.
Jetzt weiß ich um die Einheit und den höheren Sinn.
Jetzt weiß ich, dass alles in mir ist.
Und ich in allem bin.

ERWACHE AUS DEM DÄMMERSCHLAF

- Enttarne den Trug
- Willkommen in der Arena

ENTTARNE DEN TRUG

Schlafe gut

„Wie geht es dir?" Das wirst du sicherlich jeden Tag oft gefragt. Von deinen Freunden, deinen Arbeitskollegen und vom netten Nachbarn. Vom Bäcker, von der Friseurin und von den vielen flüchtigen Bekanntschaften in deinem Stammcafé. Oftmals zur Begrüßung, manchmal aus reiner Höflichkeit, aber meistens nur, um die unangenehme Stille bei zufälliger Begegnung zu überbrücken.

Danke, gut!

Und sicher antwortest du meist gleich wie aus der Pistole geschossen mit „Gut!" oder dem weitaus höflicheren „Danke, gut!". Man will ja keine Zeit verlieren. Und wie soll es einem schon gehen? Uns geht es doch allen so gut. Immerhin leben wir ja in der besten aller Welten dieses Planeten. Und die ist wirklich perfekt.

Während andere unter Hungersnöten, Folter, Seuchen oder Folgen von Naturkatastrophen leiden, haben wir immer genug zu essen, können machen, was wir wollen, und unser Leben in vollen Zügen genießen. Und das Leben ist schön. Ja, schön ist das Leben.

Schon im zarten Kindesalter konnten wir in der unbeschwerten Geborgenheit eines guten Elternhauses unseren verwegenen Lebensplan schmieden. Die ganze Welt stand uns damals offen. Ob Ritter, Prinzessin, Superheld oder einfach nur Millionär. Wir würden einmal etwas ganz Besonderes werden, so viel stand fest. In der Schule holten wir uns das notwendige Rüstzeug zur Entfaltung unserer einzigartigen Persönlichkeit und konnten später vielleicht sogar studieren. Mit Sicherheit aber konnten wir irgendwann einen richtigen Beruf unserer freien Wahl ergreifen und uns auf regelmäßige Kontoeingänge verlassen. Um das Geld gleich wieder mit Freude unter die Leute zu bringen. Nie zuvor gab es eine derartige Auswahl, Qualität und Vielfältigkeit an interessanten Dingen und Waren, die man gut brauchen kann. Da zücken wir gerne unsere Geldbörse. Im Notfall kann man sich ja immer noch das nötige Kleingeld bei den Banken ausborgen.

Das Leben ist schön, ja, schön ist das Leben!

Und damit können wir sogar noch teure Hobbys finanzieren, unseren Luxuskörper im Fitnesscenter stählen und die volle Dosis unbeschwerter Lebensfreude in angesagten Clubs, bei kurzweiligen Events und in permanent erleuchteten Einkaufszentren inhalieren. Am besten gemeinsam mit dem perfekten Partner für gerade diesen Abschnitt unseres Lebens. Den können wir heutzutage ja leicht finden. Und schnell wieder loswerden. Am besten in den Weiten des Internets. Dort kann man schon im Vorhinein die Spreu vom Weizen trennen und erspart sich sogar das anstrengende Kennenlernen. Und so manch bittere Enttäuschung obendrein. Langweilig wird einem da bestimmt nicht.

Wir können aber genauso gut bloß an uns selbst arbeiten. Und ein besserer Mensch werden. Wir können uns weiterbilden, Berater für jeden Lebensbereich engagieren und in Seminaren lernen, wie wir uns den entscheidenden Vorteil verschaffen. Wir können uns verwirklichen und ganz wir selbst sein. Aber das ist heutzutage sowieso kein Problem mehr. Immerhin können wir jederzeit unsere freie Meinung äußern. Selbst wenn diese derjenigen des derzeitigen Establishments widerspricht. Wir können jeder beliebigen Ideologie, Partei und Religion folgen, diese nach Lust und Laune wechseln und uns sogar in der Tiefgründigkeit esoterischer Trends wiederfinden. Und im schlimmsten Fall, wenn wir unseren Job verlieren und keinen neuen finden wollen, können wir uns auf das soziale Netz eines menschengerechten Systems verlassen. Uns endlich wieder ausschlafen und vielleicht im vorverlegten Ruhestand den Erwerb unseres Unterhalts an weitaus fleißigere Mitmenschen delegieren. Das wird denen gar nichts ausmachen. Immerhin sorgen sie mit völlig gerechtfertigter Steuerabgabe gerne dafür, dass wir beim Auftreten von allen möglichen Beschwerden sofort von einfühlsamen Fachärzten versorgt werden, teure Medikamente geschenkt bekommen und kerngesund steinalt werden können.

Es geht uns gut. Eigentlich.

Und sollten wir trotz alledem einmal nicht so gut drauf sein, können wir unseren seelischen Ballast bei einem Psychiater oder Therapeuten abladen. Wie soll es einem da schon gehen? Eigentlich ist ja alles perfekt. Eigentlich haben wir die perfekte Beziehung. Eigentlich haben wir den perfekten Job. Eigentlich haben wir ein perfektes Leben in einer perfekten Welt. Es geht uns gut. Eigentlich.

Öffne deine Augen

Wenn da nicht ständig dieses komische „eigentlich" wäre. Und dieses eigenartig beklemmende Gefühl. Manchmal überkommt es uns in den wenigen stillen Momenten. Manchmal auch mitten im größten Trubel. Aber meistens dann, wenn wir es am wenigsten brauchen können. Tief in unserem Innersten macht es sich gnadenlos breit. Eine unerklärliche Traurigkeit und eine unerklärliche Angst, die sich wie Messer in unseren Bauch bohren. Und uns die gute Stimmung verderben. Dann fühlen wir uns unzufrieden, gereizt, nervös und irgendwie unrund. Manchmal sogar ein wenig wütend. Und stehen völlig daneben. Um, von einer unerklärlichen Ohnmacht wie gelähmt, teilnahmslos dabei zuzusehen, wie selbst die schönsten Momente unseres Lebens wie in einem Film an uns vorüberziehen. Genießen können wir sie jedenfalls nicht. Da hilft auch das mühsam erzwungene Lächeln nichts mehr. Denn tief in uns drinnen spüren wir, dass dies nicht alles gewesen sein kann.

Soll das wirklich alles sein?

Das hat schon sehr früh begonnen. Als etwa die Erwachsenen unsere kindlichen Träume mit ihren ernüchternden Prognosen „Das schaffst du nie“ und „Das kannst du nicht“ brutal vernichteten. Oder wenig später, wenn unsere unendliche Lebensfreude in der Schule der tristen Willkür von so manchen Lehrern, pädagogisch legitimierten Sadisten, ausgeliefert war, die uns in das enge Korsett ihrer starren Normen und Verhaltensvorschriften zwängten. Da hieß es den Mund zu halten. Und zu entsprechen. Denn nur wer sich demutsvoll unterordnete und die Mantren des heiligen Lehrplans möglichst fehlerfrei rezitieren lernte, hatte gute Noten. Und keine Probleme. Die anderen galten als verhaltensauffällig. Da blieb kein Platz für die eigene Meinung, innerste Bedürfnisse oder gar kindliche Träume.

Ruhig zu sein befiehlt die Pflicht.

Später ging es so weiter, als wir uns viel zu lange durch ein Studium quälten. Um unsere Köpfe mit möglichst vielen Informationen zu füllen, von denen man später viele nicht mehr brauchen konnte. Und um endlich den begehrten Abschluss zu erlangen, den die Eltern den neidischen Verwandten unter die Nase reiben konnten. Das war ganz schön anstrengend. Und setzt sich spielend fort. Da hetzen wir den ganzen Tag durch einen immer hektischeren Alltag, angetrieben von lästigen Verpflichtungen, ständigen Ansprüchen anderer und dem ewigen Wettlauf um noch mehr Geld, Macht und Ansehen. Geplagt von Stress, Ängsten und Problemen, die wir uns sowieso nur einbilden. Und fühlen uns am Ende des Tages erst wieder frustriert, ausgebrannt und völlig leer.

Alltagsfrust statt Lebenslust.

Viele quälen sich Tag für Tag durch einen Job, der sie in Wirklichkeit nur langweilt, und müssen sich auch noch mit den ständigen Erniedrigungen ihrer Vorgesetzten und den gemeinen Angriffen hinterhältiger Kollegen herumschlagen. Alles nur des Geldes wegen. Und das ist sowieso immer zu knapp. Immerhin reißen sich einen Großteil davon sofort Verwaltungspersonen staatlicher Institutionen unter den Nagel, die wir eigentlich nur von den Briefköpfen eingeschriebener Mahnbriefe kennen. Und wie man mit dem Rest noch die ständig steigenden Lebenserhaltungskosten decken soll, übersteigt Monat für Monat unsere Kenntnis der vier Grundrechenarten.

Aber was soll's. Die empfundene Leere kann man zum Glück leicht wieder füllen. Zum Beispiel durch das raubzugartige Anhäufen von Waren und Dingen, die man unbedingt haben muss, aber keinesfalls braucht. Man muss eben mithalten. Und das ist gar nicht so leicht. Kaum hat man seinen viel zu großen Fernseher in einem öffentlichen Triumphzug nach Hause geschleppt, muss man geknickt mitansehen, wie der eigene Nachbar die leere Verpackung eines noch größeren Gerätes absichtlich vor seiner Türe platziert. Und einem schon wieder die ganze Freude verdirbt. Das dürfen wir nicht auf uns sitzen lassen.

Im Notfall müssen wir uns eben etwas Kleingeld leihen. Dazu müssen wir durch die Türspalten monumentaler Bankpaläste, um vor Bankbeamten zu kriechen.

Und wozu das Ganze? Nur um uns erst wieder im gleichen Hamsterrad wiederzufinden, das uns zum biologischen Treibstoff eines systematisch entmündigenden Kreislaufes degradiert. Und uns auch noch den letzten Funken an menschlicher Würde kostet. Und das macht uns schön langsam so richtig wütend.

Schneller, stärker, höher, weiter.
Wer bremst verliert als ewig Zweiter.

Trotzdem läuft man immer weiter. Am besten schneller als die anderen. Denn Verdrängungswettbewerb, Karrierebewusstsein und die ständigen Kämpfe im Büro erfordern ein enormes Durchhaltevermögen, starke Ellbogen und strategisches Vorgehen.

Unterstützung findet man schnell in Ratgebern und Seminaren. Dort lernen wir, wie wir noch mehr Wichtiges in unserer Zeit unterbringen, uns den entscheidenden Vorteil verschaffen und durch geschickte Rhetorik unsere Mitmenschen manipulieren.

Anfangs scheinen die Patentrezepte sogar zu funktionieren. Die Schwerkraft des Alltags holt uns aber oft schon bald unsanft auf den harten Boden der Realität zurück. Unreflektierte Bürokollegen, innerste Selbstzweifel und längst fällige Rechnungen halten beharrlich jedem positiven Leitsatz stand.

Die Dämonen tragen heute neue Kleider. Es regieren der Zorn, die Angst, der Neid und die Gier. Was bleibt ist die Sehnsucht nach Inhalt und Sinn. Vielleicht sogar nach ein wenig Spiritualität.

Unseren Glauben haben wir sowieso schon längst verloren. Zu schwerwiegend erscheinen die zahllosen kirchlichen Verfehlungen. Außerdem lässt sich das Weltbild frommer Kleindenker so gar nicht mit einem modernen und kosmopolitischen Zeitgeist vereinen.

Gott sei Dank haben wir heutzutage die freie Auswahl. Viele nehmen sich aus allen Religionen genau das heraus, was sie jetzt gerade brauchen. Und den Rest verteufeln sie. Oder sie finden ihr Glück am bunten Jahrmarkt esoterischer Glaubensgemeinschaften.

Das gilt heutzutage sowieso als schicker. Wir können unser Krafttier streicheln, mit arktischen Walen um die Wette singen und gemeinsam mit Engeln für den Weltfrieden beten. Zumindest aber für den Frieden unserer eigenen Welt. Der allerbesten von allen. Doch irgendwann kann sogar das langweilig werden.

> Wer sich morgen noch erinnert,
> war heute nicht dabei.

Was fehlt ist die pure Lust am Leben. Aber die kann man sich zum Glück leicht in der glitzernden Welt animierter Unterhaltung zurückholen. Dann werden endlich die Ketten permanenter Fremdbestimmung und Frustration gesprengt.

Man formiert sich mit flüchtigen Bekannten im vertrauten Ambiente schicker Restaurants und feiert sich in angesagten Clubs entfesselt durch die Nacht. Wenn nötig auch mit Unterstützung hochprozentiger Dopingmittel. Wer sich morgen noch erinnert, war heute nicht dabei.

Deshalb müssen wir natürlich auch verstärkt auf unsere Gesundheit achten, uns durch Diäten quälen, hochdosierte Vitamine aus den Labor-Plantagen schlucken und Bauch, Beine, Po auf futuristischen Hightech-Geräten formen. Um zumindest ansatzweise den Vorgaben der Covermodels aus den bunten Hochglanzmagazinen zu entsprechen.

In ist, wer fit ist.

Und fit muss man heutzutage auch wirklich sein, wenn man die spärliche Freizeit sinnvoll nutzen will. Da heißt es möglichst spektakulären Hobbys zu frönen, im Adrenalinrausch kindische Mutproben zu bestehen und sogar den lang ersehnten Urlaub in kollektiver Glückseuphorie animierter Clubreisen zu überstehen. Dann ist man cool, interessant und begehrenswert. Und findet leicht Anschluss.

Zumindest vorübergehend. Denn der heiße Flirt aus dem Club entpuppt sich bei Tageslicht als lauwarmes Abenteuer mit Katerstimmung. Und der verwegene Surfertyp vom letzten Cluburlaub erst wieder als langweiliger Spießer. Und außerdem war der Sex lange nicht so berauschend wie in den tabulosen Abenteuern heimlicher Fantasien. Da sucht man lieber weiter. Oder aber man begräbt seine viel zu hohen Ansprüche ein für alle Mal und beendet sein lasterhaftes Treiben. Und holt sich das amtliche Siegel und den kirchlichen Segen für lebenslanges Liebesglück und versucht wenigstens nach außen hin den Schein einer harmonischen Zweisamkeit zu wahren. Das kommt bei den anderen immer gut an. Und die nötige Abwechslung kann man sich ja immer noch bei heimlichen Seitensprüngen holen.

Was bleibt ist das schlechte Gewissen. Was bleibt ist die innere Zerrissenheit. Was bleibt sind der ständige Kampf und der Frust wegen der empfundenen Sinnlosigkeit des ganzen Strebens. Was bleibt ist die blanke Wut. Die Wut wegen verpasster Chancen und aufgegebener Träume. Die Wut wegen der gnadenlosen Fremdbestimmung in den Ketten einer scheinheilig perfekten Welt.

> Perfekte Welt voll blinder Wut.
> Alles ist besser, gar nichts ist gut.

Manche fressen ihre Wut in sich hinein. Tragen ihre Kämpfe im Innersten aus, fallen nie unangenehm auf und verbergen ihren Zorn pflichtbewusst in der Lethargie eines bemitleidenswerten Opfers. Plagen sich leidend durchs Leben, beschäftigen sich mit seltenen Krankheiten und lassen andere langatmig daran teilhaben. Um im besten Fall Stammkunden bei einem Psychiater oder Arzt zu werden. Und im schlimmsten Fall flüchten sie sich komplett in eine Krankheit. Dann können die anderen endlich einmal sehen, wie schlecht es einem wirklich geht. Andere tragen ihre innere Wut öffentlich zur Schau und projizieren den eigenen Lebensfrust mit großer Freude auf ihre Mitmenschen.

Hupen sich fluchend durch den Morgenverkehr, erniedrigen Untergebene im Büro und weisen andere gerne auf ihre Fehler hin. Um sie gleich gebührend zu bestrafen. Dann wird getobt, verleumdet und beschimpft, was das Zeug hält. Im Notfall muss eben die Kassiererin vom Supermarkt oder der Kellner herhalten.

Die meisten jedoch versuchen ihre Wut zu verbergen. Und verstecken sie gekonnt hinter der Maske einer lethargischen Selbstzufriedenheit. Um andere mit eingefrorenem Dauerlächeln zur Einkehr zu ermahnen: „Uns geht es doch so gut." „Sei doch endlich zufrieden mit dem, was du hast." Ruhig zu sein, das befiehlt die Pflicht. Ausbrüche aus der Langeweile einheitlich verpackter Mittelmäßigkeit sind strengstens verpönt. Wer aufmuckt, macht sich schon verdächtig.

Was bleibt ist die Angst. Und die macht erst so richtig zornig. Perfekte Welt voll blinder Wut. Alles ist besser. Gar nichts ist gut.

WILLKOMMEN IN DER ARENA

Sieh der Wahrheit ins Gesicht

Und trotzdem machen wir immer weiter. So wie es die anderen wollen. Und geben gleichzeitig auf. Aber leider nur uns selbst. Verleugnen unsere innersten Bedürfnisse, erfüllen pflichtbewusst die auferlegten Ansprüche und sehen tatenlos dabei zu, wie unsere leuchtenden Träume an der düsteren Realität der Fremdbestimmung, immerwährenden Beschleunigung und Selbstaufgabe zerbrechen.

Der Grat ist schmal. Noch nie zuvor lagen Überfluss und Armut, Freiheit und Einsamkeit, Selbstverwirklichung und Sprachlosigkeit, Gewalt und Hilflosigkeit so nahe beieinander. Heute noch am Rande des Abgrunds, morgen vielleicht schon einen Schritt weiter.

> Morgen fängt das Leben an.

Und trotzdem laufen wir immer weiter. Denn irgendwann wird die Zeit schon kommen, hoffen wir. Dann werden wir es ihnen allen zeigen. Und endlich leben. Das Lebensglück verschiebt man dazu eben auf das Morgen. „Morgen fange ich damit an. Nach der Schule werde ich endlich leben. Nach dem Studium werde ich aber mit Sicherheit voll durchstarten. Also gut, dann eben erst in der zweiten Hälfte meines Lebens. Wenn die Kinder endlich erwachsen sind. Aber spätestens, wenn ich erst einmal in Pension bin ..."

So wartet man geduldig auf die große Chance. Auf den großen Moment, in dem man sich endlich von allen Fesseln befreit und sich seine Selbstbestimmung zurückerobert. Aber der kommt nie. Nie im Leben. Manche beweisen großes Durchhaltevermögen. Und warten sehr lange. Laufen ihr ganzes Leben lang einer strahlenden Zukunft hinterher, um diese irgendwann sogar einzuholen. Dann, wenn die Zukunft plötzlich stehenbleibt und sich umdreht. Und sie in die finsteren Augen ihres knöchernen Antlitzes blicken. Dann, wenn es zu spät ist: in der letzten Stunde. So lange brauchst du aber erst gar nicht zu warten. Stell dir für den Anfang Folgendes vor: Du suchst dir einen möglichst angenehmen und ruhigen Platz. Am besten schaltest du das Telefon ab und ziehst dir eine besonders schöne Kleidung an, die du dir schon so lange für ganz besondere Momente aufgehoben hast. Du benötigst außerdem noch ein großes Küchenmesser, das du dir in Griffweite bereitlegst.

Die Schwertprobe

Setz dich möglichst aufrecht im Kniesitz hin, leg beide Handflächen auf deine Oberschenkel und schließ die Augen. Achte auf eine tiefe und gleichmäßige Atmung und versuche deine Muskulatur zu entspannen.

Verweile für einige Minuten in dieser Position und vergegenwärtige dir dabei, was du bereits alles erlebt hast und was du in Zukunft noch alles erleben wirst. Visualisiere deine geheimsten Lebenswünsche und innersten Ziele. Stell dir vor, wie es sich anfühlt, wenn du diese erst einmal erreicht haben wirst, und spüre das wohlige Gefühl, das sich dabei in deinem Herzen und Bauch ausbreitet. Lächle tief in dich hinein.

Öffne dann deine Augen und ergreife mit einer eleganten Bewegung das bereitgelegte Küchenmesser mit beiden Händen. Die

Spitze zeigt nach unten. Richte dann die Spitze des Messers direkt auf die Mitte deines Körpers und setze sie mit leichtem Druck etwa eine Handbreit unterhalb des Nabels an deinen Unterbauch.

Verweile für einige Atemzüge in dieser Position, umgreife dann das Messer mit festem Griff und – stell dir einmal vor, du würdest dir die Klinge mit einer einzigen wuchtigen Bewegung tief in den Unterleib rammen. Du würdest dann die Klinge noch einmal nach links und rechts drehen und dich abschließend mit deinem ganzen Körpergewicht vorlings in das Messer fallen lassen.

Uff! Jetzt bist du sicherlich schockiert. Und plötzlich hellwach. Was soll das hier sein? Eine Anleitung zum Selbstmord? Zum qualvollen Tod? Ein Skandal ist das! Und gehört mit Sicherheit verboten.

Du wirst einmal sterben. So viel steht fest.

Ich kann deine Aufregung verstehen. Doch ich kenne keine Vorstellung, die dir besser vermitteln könnte, was in den folgenden Kapiteln noch alles auf dich zukommt. Denn bei aller Liebe: Du wirst sterben. So viel steht fest.

Triff deine Entscheidung

Klingt irgendwie beängstigend, ich weiß. Wann wird es dich wohl erwischen? Morgen? Nächste Woche? In einigen Jahren? Hoffentlich nicht so bald. Irgendwann wirst du aber mit Sicherheit die Schwelle überschreiten und zum allerletzten Mal ausatmen. Zumindest in diesem Leben. Jeder weiß es, doch keiner will es wahrhaben.

In der heutigen Zeit wird das Thema des eigenen Todes hartnäckiger verdrängt als jemals zuvor. Schließlich bedeutet der Tod ja auch gleichzeitig das Ende unserer mühsam konstruierten Rolle in einer perfekten Welt. Denn wie ehrenwert, moralisch, beliebt, weit gereist, gebildet und reich man auch zu Lebzeiten gewesen ist – am Ende liegt man doch im kalten Grab. So wie die anderen auch.

Unsere moderne Gesellschaft vermeidet daher die konkrete Konfrontation mit dem Tod, wo immer sie kann. Und lässt uns ständig nach noch mehr Macht, Image und Besitz streben. Wir fürchten den Tod, weil er uns die Vergänglichkeit unserer mühsam konstruierten Identität und die Bedeutungslosigkeit unseres materiellen Wohlstandes vor Augen führt. Und uns als kleines Rädchen, das von einem System der Konsum- und Profitgier bestimmt wird, entlarvt. Das wollen wir nicht wahrhaben. Und verdrängen den Tod, wo wir können, aus unserem Bewusstsein.

Das führt allerdings dazu, dass wir ständig ein vages Gefühl von Bedrohung empfinden. Und das Leben zieht an uns vorbei. Immer tiefer rammen wir uns das Messer der Fremdbestimmung in unseren Leib. Und sterben auf Raten. Denn die ins Unterbewusstsein verdrängte Todesangst bekommt ständig mehr Macht über uns. Ihr alleine entspringen alle Ängste: Existenzangst, Angst vor Krankheiten, Angst vor Imageverlust, vor Versagen und dem Alter sind nichts anderes als in das Bewusstsein dringende Manifestationen der im Unterbewusstsein schlummernden Todesangst. Und werden daher erst wieder verdrängt. Um sich irgendwann als Wut und Zorn getarnt einen Weg nach außen zu suchen. Und uns das Leben kosten.

Auf dem Shinergy-Weg hat die Auseinandersetzung mit dem eigenen Tod daher eine zentrale Stellung. Dies wurzelt im Bewusstsein, dass Leben und Tod eine untrennbare Einheit bilden, und das ist alles andere als lebensverachtend. Vielmehr ist diese Geisteshaltung die Voraussetzung für uneingeschränkte Lebensfreude. Erst indem du den Tod als Teil deines Lebens anerkennst, kannst du ein realistisches und wirklichkeitsnahes Bewusstsein entwickeln und deine innerste Kraft uneingeschränkt nützen. Denn nur das Erkennen, dass jeder Tag dein letzter sein kann, lässt dich das Leben erst schätzen.

Krieger lieben das Leben, weil sie um dessen Vergänglichkeit wissen.

Diese Konfrontation mit dem eigenen Tod ist sicherlich kein leichter Schritt. Aber sie ist die Voraussetzung für echte Lebensfreude fernab fremdbestimmter Lebenslust-Maskerade. Dann erst kannst du dich bewusst für das Leben entscheiden.

Die meisten Menschen entscheiden sich nie und grübeln ihr ganzes Leben lang darüber, ob es wohl ein Leben nach dem Tod gibt. Das weiß ich auch nicht. Aber eines weiß ich: Es gibt ein Leben vor dem Tod! Lebe es. Jetzt und hier!

Und wahrlich:
Es gibt ein Leben vor dem Tod.

Jetzt hast du die Wahl. Entweder du wirfst dieses Buch sofort in hohem Bogen in den Müll. Und hoffst darauf, dass irgendwann alles besser wird. Treibst weiterhin im Wachkoma eines fremdbestimmten Lebens dahin und jammerst über die Ungerechtigkeit der Welt. Hetzt von einem Termin zum nächsten und erfüllst dabei immer nur die Ansprüche anderer. Bis ans Ende deiner Tage.

Oder du erwachst gerade in diesem Augenblick aus dem Dämmerschlaf und öffnest deine Augen. Erkennst die Illusion einer scheinbar perfekten Welt voll blinder Wut und übernimmst ab jetzt die alleinige Verantwortung für dein Schicksal. Nimmst die Sache ein für alle Mal selbst in die Hand und wirst zum Helden deiner eigenen Geschichte. Dann bist du ein Krieger.

Folge dem Ruf

Aber in Wirklichkeit bist du schon immer ein Krieger gewesen. Zumindest ein Teil von dir. Du hast das nur nicht zugelassen. Denn der Archetyp eines „Kriegers" wird in unserer Gesellschaft stets mit negativen Begriffen wie Krieg, Aggression und Kampf besetzt. Und gilt daher nicht gerade als gesellschaftsfähig. Doch Archetypen sind Urbilder der Menschheit, die aus unserem Unterbewusstsein wirken, also ein Teil der Psyche, der in uns allen schlummert. Und irgendwann erwachen muss.

Der Archetyp eines Kriegers steht für die hohe Tugend des Mutes. Er steht für Entschlossenheit, Durchsetzungsvermögen und innerste Kraft. Doch die Pforte zur Kraft der Kriegerin und des Kriegers liegt verborgen hinter den finstersten Schatten unseres Bewusstseins. Sie liegt im Zorn, im Kampf und in der Wut.

> Krieger verwandeln die blanke Wut
> in wahren Mut.

Krieger konfrontieren sich mit den Schatten. Krieger lernen zu kämpfen. Im Mut zur Konfrontation liegt zugleich die Chance, die destruktiven Kräfte des Kampfes und des Zorns zu transformieren. Krieger durchschreiten die Pforte. Und verwandeln die blanke Wut in wahren Mut.

Das unterscheidet Krieger vom Rest der Welt. Von all den aggressiven Kämpfern und Zornzwergen, die eigentlich immer nur ihr aufgeblasenes Ego verteidigen müssen. Und von all den ängstlichen Seelen, die ihre innerste Wut verstecken und sich aus Angst vor dem Scheitern der permanenten Fremdbestimmung unterwerfen. Krieger verwandeln ihren innersten Zorn in den Mut zur Konfrontation, den Mut, sich an Großem zu versuchen, Neues zu wagen, und den Mut zur Selbstbestimmung. Krieger beweisen Mut, indem sie die volle Verantwortung für ihr Schicksal übernehmen.

Krieger kämpfen für das Leben.

In alten Hochkulturen gehörte deshalb der konstruktive Umgang mit Aggressionen und Gewalt noch zu einer ganzheitlichen Ausbildung und wurde, neben höfischem Benehmen, Dichtkunst und spiritueller Entwicklung, in den Lehrplan integriert. Ob bei den Rittern der Tafelrunde oder den japanischen Samurai – in keiner Kriegerkultur ging es um das blindwütige Vernichten des Gegners. Vielmehr ging es darum, sein volles geistiges und körperliches Potenzial zu entwickeln und sein Leben höheren ethischen Werten zu widmen.

Die Zeiten haben sich geändert.
Die Krieger auch.

Die Herausforderungen von heute finden die modernen Krieger bei uns nicht mehr auf dem Schlachtfeld. Diese bestehen vielmehr in der Bewältigung eines äußerst komplexen, hektischen Alltags.

Jeder muss heutzutage an irgendeiner Front kämpfen: gegen vermeintliche Schwächen, gegen Erfolgsdruck, Frustration, Konkurrenten, Ängste oder Stress.

Ob der Kampf in oder um uns tobt – der Weg zu Gelassenheit, Ausgeglichenheit und innerer Kraft führt über die Entwicklung unserer innersten Selbstverteidigungskräfte, getreu dem obersten Shinergy-Prinzip: Gut kämpfen zu können bedeutet, nicht mehr kämpfen zu müssen.

Die neuen Krieger halten im Temporausch inne. Statt ein Leben lang von den Monstern „Anforderung" und „Entsprechenmüssen" gejagt zu werden, lernen die Krieger unserer Zeit, gegen den Drachen Fremdbestimmung zu kämpfen. Das ist allerdings keineswegs immer leicht. Ein wichtiges Samurai-Prinzip lautet:

> Nur wer sich innerlich vervollkommnet, kann sich auch nach außen hin erfolgreich durchsetzen.

Krieger müssen daher vor allem den Mut aufbringen, sich mit sich selbst, mit ihren innersten Ängsten, Emotionen und Schattenseiten auseinanderzusetzen. Dies bedeutet allerdings nicht, dass sich moderne Krieger in der Welt zurechtfinden, indem sie sich ausschließlich auf ihr inneres Selbst konzentrieren. Wenn du nicht gerade vorhast, Eremit zu werden, wird dies nicht genug sein. Jeder Mensch ist Teil einer Gemeinschaft und wird daher immer wieder dazu gezwungen, sich mit anderen Menschen auseinanderzusetzen. Und das geht nicht immer friedlich ab. Unausweichlich werden wir mit Aggressionen und Angriffen unserer Mitmenschen konfrontiert. Das Shinergy-Konzept basiert daher auf den archaischen Prinzipien des Zweikampfes zur persönlichen inneren Entwicklung. Das Wissen um die erfolgreiche Bewältigung von Konfliktsituationen wird sowohl in Kampf und Selbstverteidigung als auch im beruflichen und privaten Alltag anwendbar. Denn auch wenn Aggressionen und Angriffe nicht körperlich ausgetragen werden – die Prinzipien des Kampfes lassen sich auch auf innere Konflikte, Situationen des Alltags und Angriffe auf subtileren Ebenen übertragen.

> Als Krieger wird man nicht geboren. Zur Kriegerin und zum Krieger fühlt man sich berufen.

Wenn der Geist des Kriegers in dir erwacht, wirst du von einer unglaublichen Kraft erfüllt werden. Du wirst dein volles geistiges und körperliches Potenzial entfalten und dich mutig den Herausforderungen des Lebens stellen. Keiner wird als Krieger geboren, man fühlt sich zur Kriegerin und zum Krieger berufen. Folge dem Ruf! Und entfessle deine innerste Kraft! Willkommen bei Shinergy!

Ergreife dein Schwert

Shinergy [Shin: japanisch für Herz und Geist] vereint die Philosophie asiatischer Kampfkunst mit modernsten Erkenntnissen der westlichen Sportwissenschaft und Psychologie – eine Kombination, die Körper und Geist ideal für die Herausforderung des modernen Alltags wappnet.

Shinergy baut auf einem Wissen, das Krieger seit Jahrtausenden zur inneren und äußeren Vervollkommnung nützen, auf. Erstmals wird dieses Wissen für das dritte Jahrtausend nutzbar gemacht. Shinergy gebraucht die verborgene Kraft innerer Konfrontation zur Rückverbindung mit dem vollen Potenzial an Lebensenergie, mentaler Stärke und intuitiver Weisheit. Ausgangspunkt ist hier der ursprüngliche Zustand des vollen menschlichen Potenzials an intuitiver Weisheit, Vitalität und Lebenskraft.

Alle Kraft ist schon in uns!

Innere und äußere Konflikte führen zu emotionalen Blockaden und Barrieren, die sich in körperlichen und geistigen Symptomen ausdrücken, wie

- Burn-out und Antriebslosigkeit
- Stress und Angst
- Motivations- und Konzentrationsschwierigkeiten
- mangelndem Selbstvertrauen
- körperlichen Beschwerden und Dysbalancen

Der Shinergy-Weg führt in drei Schritten zur Rückverbindung mit unserer innersten Kraft. **Der erste Schritt: Erkenne dich selbst!**

Meditation und Energiearbeit führen zunächst zur Auseinandersetzung mit bewussten und unbewussten Bereichen unserer individuellen Realität und Persönlichkeit. Durch spezielle Techniken der Meditation wird die Aufmerksamkeit geschärft und ein gelassener Umgang mit Stress- und Angstsituationen ermöglicht. Das neuartige Training der Kampftechniken und Strategien steigert wiederum die Wahrnehmung und führt zu einer Geisteshaltung höchster Gegenwärtigkeit. Gerade in Angst- und Stresssituationen.

Die praktische Anwendung der Grundprinzipien führt zu einer ungeahnten Qualität eines neuen Körperbewusstseins voller Leichtigkeit, schafft Zugang zu innersten Kraftquellen und ermöglicht die unmittelbare Kontrolle körpereigener Energie.

Du wirst erstaunt sein, was alles in dir steckt!

Der zweite Schritt: Erkenne den Gegner! Es folgt die mutige Konfrontation mit erkannten äußeren Barrieren und Gegnern. Das Erlernen effektiver Techniken zur Selbstverteidigung schärft die Wahrnehmung und steigert das Selbstbewusstsein. Die Shinergy-Methode ermöglicht das flexible, situationsangepasste und selbstbestimmte Handeln und die effektive Verteidigung gegen Angriffe körperlich überlegener Gegner.

Du wirst gerade in der größten Hektik des Alltags gelassen und selbstbestimmt agieren!

Der dritte Schritt: Erkenne dich selbst im Gegner! Aus dem Mut zur Reflexion und zur Konfrontation entsteht aus dem anfänglichen Konflikt eine verbindende Kooperation. Der Gegner wird als Spiegel erkannt – das „gegeneinander Kämpfen" wird zum „miteinander Üben".

Du wirst deine neuen Fähigkeiten jederzeit gezielt einsetzen können und Konflikte friedlich und konstruktiv lösen!

Der Mut zur Konfrontation, die Integration verdrängter Bereiche des Bewusstseins und die vertiefte Selbsterkenntnis ermöglichen die Überwindung von inneren und äußeren Barrieren und die Rückverbindung zum ursprünglichen Potenzial an innerster Kraft.

> Kämpfen zu können heißt,
> nicht mehr kämpfen zu müssen.

Die Kraft von Shinergy ist jedem zugänglich, unabhängig von Geschlecht oder Alter. Um sie für dich zu erschließen, musst du nicht notwendigerweise einen Kurs besuchen. Die folgenden Kapitel werden dir zeigen, wie du die Shinergy-Prinzipien perfekt in deinem Alltag anwenden kannst.

Doch Vorsicht: Erwarte von Shinergy keine Patentrezepte! Deine Persönlichkeit ist einzigartig, und so einzigartig ist der Weg, den du zu deinem Erfolg beschreiten wirst. Shinergy wird dir allerdings bisher unbekannte Kraftressourcen eröffnen und mehr Klarheit über dich selbst verschaffen. Klarheit, die nötig ist, um gelassen deine Ziele zu erreichen – und das Erreichte zu genießen. Denn nur darauf kommt es an.

> Es ist nicht das Schwert in deiner Hand. Es ist das Schwert deines Geistes. Und es ist das Schwert deines Herzens, das alle Barrieren überwindet.

Shinergy macht dich stark für deine ganz persönliche Heldenreise, für deinen alltäglichen Kampf, den du gewinnst, weil du gar nicht mehr kämpfen musst. Für die spannende Rückverbindung zu ursprünglicher Weisheit und die Verwirklichung deines vollen Potenzials. Für ein selbstbestimmtes Leben zwischen Spiritualität und Lebensfreude.

Die Arena der neuen Krieger ist der Alltag. Ihre stärkste Waffe ist ihr Bewusstsein. Denn es ist nicht das Schwert in deiner Hand, es ist das Schwert deines Geistes und deines Herzens, das alle Barrieren überwindet. Willkommen in der Arena, Krieger!

ERKENNE DICH SELBST

- Erleuchte deinen Pfad
- Finde dein Ziel
- Befreie deinen Geist
- Lebe die Leichtigkeit
- Entfache das Feuer

ERLEUCHTE DEINEN PFAD

Wisse wo du stehst

Wenn du an Krieger denkst, hast du wahrscheinlich gerade das Bild wild entschlossen vorwärtsstürmender, unbeugsamer Menschen vor Augen, die jedes Hindernis selbstbewusst aus dem Weg fegen. Und am liebsten würdest du dich sicherlich sofort mit ebenso viel Energie und Enthusiasmus in die Realisierung deiner innersten Ziele und Träume stürzen. Doch halt! Hast du dabei nicht etwas vergessen? Woher willst du denn wissen, welche Richtung du einschlagen musst? Hast du eigentlich jemals überlegt, wie der konkrete Weg zu deinem Ziel verlaufen könnte? Wenn nicht, halte doch noch einen kurzen Moment inne und löse folgende Aufgabe:

[Übung]

Zeichne doch bitte auf dieser Landkarte ein, welchen Weg du einschlagen müsstest, um Punkt A zu erreichen. Schwierig? Klar. Du weißt ja gar nicht, an welchem Punkt der Landkarte du dich gerade befindest.

Viele moderne Motivationsmethoden versprechen gerne, du müsstest nur fest genug an eine Wunschvorstellung glauben, dann wirst du diese auch problemlos realisieren. Ganze Regale an Lebenshilfe-Ratgebern geben Tipps. Selbsternannte Gurus, Berater und Trainer helfen gerne. Du möchtest einen durchtrainierten Körper und mehr Geld? Denke doch einfach nur fest daran, dann wirst du das leicht schaffen. Die positive Kraft deiner Gedanken allein wird deinen Körper stählen und deine Geldbörse füllen. Du möchtest wie ein Adler deinem Alltag entschweben? Kein Problem! Lausche, lerne und wechsle doch endlich auf die Überholspur des Lebens. Dann wirst du erfolgreich sein, reich und schön. Solchen Sprüchen glaubt man vielleicht noch auf dem Heimweg vom teuren Seminar. Aber spätestens am nächsten Tag holt uns die Realität wieder ein. Und das perfekt konstruierte Erfolgsimage zerschellt jäh an den Klippen des Alltags.

Positiv zu denken ist zwar sehr wichtig und mit Sicherheit die Voraussetzung dafür, auch in schwierigen Zeiten an deinen Träumen festhalten zu können. Längerfristig ist es aber völlig wirkungslos, wenn es dich daran hindert, auch die andere Seite der Medaille zu betrachten; wenn es dir den Blick für deine momentane Situation, deinen Ausgangspunkt verstellt.

Krieger wissen immer wo sie stehen.
Daher wissen sie, welche Richtung sie zu ihrem Ziel einschlagen müssen.

Mindestens genauso wichtig wie positives Denken ist es nämlich, deinen konkreten Standort zu kennen. Dann kannst du den Weg finden, der dich zum Ziel führt. Oft ist es sehr ernüchternd, seine momentane Situation, seinen Ist-Zustand mit seinen kühnen Träumen zu vergleichen. Doch gerade die nüchterne Analyse ist die Voraussetzung für eine realistische Planung der einzelnen Schritte. Und sie ist deine erste wirkliche Mutprobe auf dem Weg des Kriegers.

[Übung]

Wenn du nun auf dieser Karte den Weg nach A einzeichnest, wirst du sicherlich kein Problem damit haben: Du kennst ja jetzt den Ausgangspunkt deiner Reise und weißt, wo du dich befindest.

Eine positive Lebenseinstellung, gepaart mit dem Mut zur nüchternen Analyse, erleuchtet den Weg der neuen Krieger.

Halte daher auf deinem Weg immer wieder inne und nimm dir Zeit, deinen derzeitigen Ist-Stand in jenen Lebensbereichen zu analysieren, die du aktiv verändern willst.

[Übung]

Status quo

Am besten holst du dir dazu die Unterstützung von Experten aus dem jeweiligen Bereich und bittest sie um ein möglichst nüchternes Feedback zu deiner momentanen Situation. Willst du beispielsweise deine Fitness verbessern, hilft ein sportmedizinischer Leistungscheck die nötigen Schritte klar zu definieren. Um deine finanzielle Situation zu verbessern, solltest du dich in einem Analysegespräch mit einem Finanzexperten mit deinem derzeitigen Ist-Stand konfrontieren. Wichtig ist dabei, dass die ausgewählten Experten in keiner persönlichen Beziehung zu dir stehen und deine Ausgangssituation schonungslos offen darlegen.

Die Analyse deines Ausgangspunktes solltest du aber nicht nur auf die äußere Situation und deine Umwelt beziehen. Genauso wichtig ist es, den Blick nach innen zu richten und um die eigenen Fähigkeiten zu wissen. Das wird deine Energie bündeln und dir zeigen, wie du deine Kräfte gezielt einsetzen kannst.

Zu Beginn erstellst du dir dazu dein ganz persönliches Stärken-Schwächen-Profil.

[Übung]

Kompetenzprofil

Erstelle eine Liste von deinen Eigenschaften und Fertigkeiten. Unterteile sie in zwei Spalten. In die rechte Spalte schreibst du deine Stärken. Frage dich dazu: „Was kann ich besonders gut? Was fällt mir besonders leicht? Wofür bewundern mich andere? Worin war ich bisher erfolgreich?" In der linken Spalte definierst du deine Schwächen. Sei ehrlich und frage dich: „Was fällt mir schwer? Was haben andere Menschen, das mir scheinbar fehlt? Was stört meine Mitmenschen an mir? Was ist in letzter Zeit schiefgelaufen?"

Am besten definierst du dazu konkrete Begriffe aus

- deiner sachlichen Kompetenz wie Fachwissen, Fertigkeiten und Talente,
- deiner mentalen Kompetenz wie Konzentrationsfähigkeit, Flexibilität und Durchhaltevermögen,
- deiner emotionalen Kompetenz wie Einfühlungsvermögen, Frustrationstoleranz und Begeisterungsfähigkeit,
- deiner sozialen Kompetenz wie Teamfähigkeit, Konfliktverhalten und Kommunikationsfähigkeit.

Nimm dir dafür genügend Zeit. Im Anschluss daran solltest du die Liste noch von dir nahestehenden Menschen überprüfen lassen und auch deren Einschätzung berücksichtigen.

Lote deine Grenzen aus

Das Erstellen deines individuellen Stärken-Schwächen-Profils ist ein wichtiger Schritt. Deshalb wird es gemeinsam mit vielen anderen theoretischen Übungen auch immer in Büchern zur

Selbstverbesserung empfohlen. Doch für Krieger ist dies nur ein erster Schritt. Denn Papier ist geduldig. Und die theoretische Auflistung eigener Kompetenzen wird auch stark vom eigenen Wunschdenken, von Normen und von der Meinung unserer Mitmenschen geprägt. Krieger handeln selbstbestimmt. Und ersetzen die Theorie durch das aktive Angehen von Herausforderungen des Lebens.

Krieger ersetzen die Theorie. Und handeln.

Deine wirklichen Stärken kannst du am besten dann erkennen, wenn es einmal wirklich darauf ankommt. Und du deine eigenen Grenzen erfährst. Wo immer diese auch liegen mögen, das Bewusstmachen und Akzeptieren deiner momentanen Grenzen ist unumgänglich, um intelligent an deren Ausweitung zu arbeiten. Andernfalls wirst du entweder Opfer eigener Selbstzweifel und unterforderst dich ständig. Oder du lässt dich von deiner Eitelkeit verleiten und scheiterst, weil du deine Kraft überschätzt.

Manchmal ist es durchaus notwendig, gewohnte Grenzen zu überschreiten – beispielsweise mehrere Tage mit nur wenig Schlaf durchzuarbeiten. Ob dies realistisch ist oder nicht, kannst du aber nur dann wissen, wenn du deine persönliche Grenze, in diesem Fall deine Belastbarkeit bei wenig Schlaf, kennst.

Das heißt nicht, dass du ständig an deine Grenzen gehen musst. Aber das Wissen, zu welcher Leistung du in fordernden Situationen eigentlich fähig bist, gibt dir jede Menge Selbstbewusstsein. Und wird deine wahre Stärke ans Licht bringen.

Mit fortgeschrittenen Shinergy-Trainierenden führe ich regelmäßig ein Ritual durch, das in der Tradition japanischer Samurai

„Shugyo" genannt wird. An ausgewählten Tagen wird ein spezielles Training abgehalten, das die Teilnehmer an die Grenzen ihrer mentalen und körperlichen Belastbarkeit führt. Nach dem stundenlangen Üben von Tritt- und Schlagtechniken, Zweikämpfen und Konditionsübungen sind die Kämpfer zwar völlig erschöpft, ihre Augen leuchten aber voller Gewissheit um die eigene Willensstärke und Durchsetzungskraft.

Krieger stellen sich der Herausforderung.

Heutzutage wissen nur noch wenige Menschen um ihre eigenen Grenzen. Geschweige denn um ihre innersten Stärken. Weißt du denn, wie lange du laufen kannst, bevor du aufgeben musst, wie viele Liegestütze du schaffst, bevor dich die Kraft verlässt, oder wie lange du dich unter höchster Anspannung konzentrieren kannst? Viele leben in einer „Komfortzone" – in jenem Bereich, in dem sie keine besonderen Risiken eingehen müssen, in dem sie mit minimalem Aufwand ein passables Ergebnis erzielen und sich emotionell nicht besonders belastet fühlen. Sie schlagen sich in dieser Komfortzone durchs Leben, ohne jemals die eigenen Grenzen ausgelotet zu haben. Wenn dir hingegen ein durchschnittliches Ergebnis zu wenig ist, wenn du Spitzenleistungen erbringen willst, dann musst du deine Komfortzone verlassen. Und dich regelmäßig der Herausforderung von Shugyo stellen.

[Übung]

Shugyo-Grenzerfahrung

Suche dir einen speziellen Tag im Jahr aus und plane eine Herausforderung, die dich an die körperliche und mentale Grenze deiner Leistungsfähigkeit führt. Sportliche Herausforderungen

oder irgendwelche Abenteuertouren in der freien Natur sind dafür am besten geeignet. Definiere vorher ein klares Ziel und gib dein Bestes, um dieses auch zu erreichen.
Achte aber darauf,

- dich auf dein Vorhaben gut vorzubereiten,
- im medizinisch ungefährlichen Bereich zu bleiben,
- dich und deine Mitmenschen darauf einzustimmen,
- im Anschluss genügend Erholungszeit einzuplanen.

Reise mit Rückenwind

Im Shinergy-Unterricht werden Techniken nicht detailliert vorgegeben, sondern von den Lehrern nur beispielhaft erklärt. Grundsätzliche Gesetzmäßigkeiten zur vollen Kraftentfaltung werden zwar vorgestellt und das Ziel klar vorgegeben, die konkrete Ausführung bleibt jedoch dem Trainierenden überlassen. Der Lehrer bietet Hilfestellung, vermeidet es aber, den individuellen Lernprozess durch eine allzu einschränkende Vorgabe zu behindern.

Jeder findet so zu seinem eigenen und individuell perfekten Kampfstil. So kommt es dazu, dass Fortgeschrittene die Techniken und Strategien manchmal ein wenig unterschiedlich, jedoch immer höchst effektiv umsetzen.

Im Sport brauchst du einen guten Trainer, der die Anforderungen genau kennt, und der weiß, wo deine Stärken liegen, die es auszubauen gilt. In der asiatischen Kampfkunst heißt der Lehrer „Sensei", was so viel bedeutet wie „Lehrer des Weges". Ein Sensei unterscheidet sich von einem herkömmlichen Lehrer insofern, als er nicht ein bestimmtes Wissen vermittelt, sondern dem Schüler hilft, den zu ihm passenden Weg zu finden.

Ein Shinergy-Trainer wird es deshalb vermeiden, seinen eigenen Lernprozess mit dem seines Schülers zu vergleichen. Er wird aber seine Erfahrung dazu benützen, die individuellen Stärken des Schülers zu fördern.

Krieger nützen Erkenntnisse anderer als Wegweiser am Pfad zur eigenen Freiheit.

Auch im Alltag kannst du von der Erfahrung anderer profitieren. Der Sensei lässt sich am ehesten mit dem vergleichen, was wir heutzutage einen Mentor nennen. Ein Mentor ist eine Person, die dir wohlgesinnt ist und die Anforderungen eines bestimmten Gebiets gut kennt.

Ein Mentor ist bereit, dich als seinen Schützling an seiner Erfahrung teilhaben zu lassen. Er hilft dir insofern, als er dir Feedback über deine Stärken und Schwächen auf einem bestimmten Gebiet geben kann – ohne dir dabei seinen eigenen Weg aufzuzwingen.

Wenn du dich genau umsiehst, wirst du feststellen, dass du mehrere solcher Mentoren um dich hast. Im Idealfall waren deine Eltern deine ersten Mentoren, aber auch Verwandte und Freunde, die dich gerne haben.

Später findest du Gefährten, mit denen du die verschiedensten Lebensbereiche teilen kannst. Die dich motivieren, inspirieren und dir mit konstruktiver Kritik zur Seite stehen.

Als Mentor eignet sich, wer
- dich mag und respektiert,
- sich Zeit für dich nimmt,

- sich so ausdrücken kann, dass du ihn gut verstehst,
- auf dem betreffenden Gebiet bereits Erfolg hatte,
- in keinem Konkurrenzverhältnis zu dir steht,
- dir keine Patentrezepte aufdrängt,
- nicht beleidigt ist, wenn du eigene Entscheidungen fällst,
- seine Ratschläge nicht an Gegenleistungen knüpft,
- auch konstruktive Kritik anbringt.

Hüte dich aber vor denjenigen, die dir mit erhobenem Zeigefinger irgendwelche Patentrezepte aufzwingen wollen. Davon leben heutzutage ganze Berufsstände an Beratern, die selbst nur wenig Erfolg hatten. Meist sind das Zeitgenossen, die ihren Zorn über verpasste Chancen und eigene Unzulänglichkeiten über die ständige Belehrung ihrer Mitmenschen kompensieren.

Perfektioniere deine Stärken

Wenn ein Shinergy-Anfänger die ersten Male zum Training kommt, achte ich besonders auf seine individuellen Stärken und sein Temperament beim Training. Und auch wenn jeder Kämpfer alle Techniken trainieren muss – auch jene, die ihm schwerfallen –, so sollte er im Kampf doch jene Strategie wählen, die seine Stärken besonders gut zum Einsatz kommen lässt. So haben selbst kleiner gewachsene Kämpfer gegen groß gewachsene Gegner gute Chancen, wenn sie gelernt haben, ihre Wendigkeit und Schnelligkeit richtig einzusetzen.

Während du äußerst viel Energie aufwenden musst, um auf Gebieten, auf denen du vielleicht nicht so talentiert bist, gute Resultate zu erzielen, gibt es Bereiche, in denen dir alles nur so zuzufliegen scheint. Es lohnt sich daher allemal, deine Stärken sehr gut zu kennen, entsprechend zu fördern und zu präsentieren.

Natürlich solltest du dich auch mit deinen Schwächen konfrontieren und an diesen arbeiten. Um dich von ihnen nicht mehr vom Weg abbringen zu lassen. Überdurchschnittliches vollbringen wirst du aber wohl nur in den Bereichen, die dich begeistern und inspirieren.

Wirklich herausragend wirst du nur dort sein, wo deine persönlichen Stärken liegen. Das klingt recht logisch – und dennoch ist es erstaunlich, wie viele Menschen um eine Antwort verlegen sind, wenn man sie nach ihren Stärken fragt.

> Krieger trainieren ihre individuellen Stärken, um Überdurchschnittliches zu vollbringen.

Wenn du jetzt noch immer nicht von deinen Stärken überzeugt bist, fahre mit folgender Übung fort.

[Übung]

Werbung in eigener Sache

Nimm dir deine drei größten Stärken aus deinem Kompetenzprofil und verfasse eine Art Werbetext für dich selbst. Lass deiner Kreativität freien Lauf und verwende keine Formulierungen, die die Aussagen abschwächen oder relativieren würden. Fasse dann diesen Text in nur einem einzigen Satz zusammen. Nun hast du deinen eigenen Werbeslogan formuliert.

Nütze deine Schwächen

Deine individuellen Stärken solltest du wie einen Schatz hüten. Sie werden dich inspirieren, motivieren und zu wirklich herausragenden Leistungen befähigen. Auch in bewegten Zeiten wirst du dich immer auf deine persönlichen Stärken verlassen können. Trotzdem darfst du deine Schwächen nicht verleugnen. Sonst werden sie dich schwächen und leichtes Ziel von Bedrohungen und Angriffen. Um dir irgendwann doch noch zum Verhängnis zu werden. So weit darfst du es erst gar nicht kommen lassen.

Krieger verwandeln scheinbare Schwächen in echte Stärken.

Voraussetzung für eine positive Umwandlung deiner vermeintlichen Schwächen in echte Stärken ist, diese zu erkennen und realistisch einzuschätzen. Die eigentliche Gefahr liegt nie in der Schwäche selbst, sondern einzig in ihrer Verleugnung. Dabei ist eine vermeintliche Schwäche nicht immer gleich etwas Schlechtes. Die Bewertung liegt stets beim Betrachter. Und in der jeweiligen Situation. Und wenn du die Situation nicht ändern kannst, kannst du mit Sicherheit deinen eigenen Blick darauf ändern.

[Übung]

Die Verwandlung

Betrachte nochmal die Liste deiner vermeintlichen Schwächen. Überlege nun,

- wie du diese Schwächen nützen könntest,
- in welchen Situationen du eine scheinbare Schwäche zur echten Stärke werden lassen kannst,
- wie du es in anderen Situationen vermeiden kannst, dass deine Schwächen gegen dich verwendet werden können.

Jeder Mensch hat seine Schwächen und niemand kann in allen Bereichen des Lebens perfekt sein. Gleichzeitig hat aber auch jeder Mensch seine individuellen Stärken. Das solltest du nützen. Und dir Verbündete suchen.

[Übung]

Seite an Seite

Suche dir Verbündete, denen du einzelne Bereiche deines Lebens guten Gewissens anvertrauen kannst. Übertrage einzelne Aufgaben an Freunde, Verwandte und Mitarbeiter, die sich gerade in jenen Bereichen besonders auszeichnen, in denen du dir schwertust. Am besten suchst du dir dazu Weggefährten, die du für eine gemeinsame Vision begeistern kannst.

Lebe lieber ungewöhnlich

Shinergy basiert auf den Prinzipien alter Kriegskünste und des japanischen Zen. Shinergy ist jedoch die konsequente Weiterentwicklung dieser Lehren unter Berücksichtigung moderner Gesellschaftsentwicklung und Lebensumstände und macht dieses Wissen erstmals auch im heutigen Alltag anwendbar. Mit den starren Konzepten, die derzeit in vielen Kampfkünsten mit Tradition verwechselt werden, haben diese ursprünglichen Lehren aber meist nichts zu tun.

Du musst nicht die Bekleidungsvorschriften und Verhaltensregeln chinesischer Mönche einhalten, um die Werte asiatischer Kampfkunst und Gesundheitssysteme zu erfahren. Spirituelle Lehren, die nur in der Abgeschiedenheit von Esoterik-Zentren funktionieren, sind für den urbanen Alltag kaum sinnvoll. Die wahren Inhalte und Werte lassen sich immer und überall verwirklichen.

Du bist einzigartig. Und einzigartig sei dein Weg.

Dein volles Potenzial kann sich nicht entwickeln, wenn du nur versuchst, Erkenntnis und Bildung durch Nachahmen zu erlangen. Viele Wahrheiten, die von zweifelhaften Gurus und Lehrern vollmundig als alleine selig machend verkündet werden, mögen für deren Weiterentwicklung brauchbar gewesen sein – können andere aber daran hindern, ihr volles Potenzial auszuschöpfen. Jede Erkenntnis anderer muss relativiert und in deine eigene Situation und Persönlichkeit integriert werden.

Anlagestrategien von Millionären, Ernährungs- und Trainingstipps von Spitzensportlern oder der geistige Weg tibetanischer Mönche können zwar als Hilfestellung dienlich sein – um dieses Wissen wirklich nützen zu können, ist es aber notwendig, es in deine eigene Situation zu übertragen.

FINDE DEIN ZIEL

Folge deinem Herzen

Erinnerst du dich an das Landkartenbeispiel? Es hat dir verdeutlicht, dass du zur Bestimmung deines Weges unbedingt deinen Ausgangspunkt kennen musst.

Die zweite wichtige Information für die Wahl der richtigen Route ist freilich der Ort, den du erreichen willst: dein Ziel. Es gibt Ziele, die erstrebenswert erscheinen, weil sie gesellschaftlich einen hohen Stellenwert haben: Geld, Sicherheit, Ansehen, ein neues Auto, einen sicheren Job, ein großes Haus. Und es gibt Ziele, die vielleicht ziemlich unrealistisch erscheinen, aber dein Herz erwärmen, wenn du nur daran denkst. Oft scheuen wir uns, diese Ziele ins Auge zu fassen, weil wir Angst haben, sie nicht zu erreichen oder man könnte uns auslachen. Und viel zu oft verbergen wir diese Angst unter dem Deckmantel der Vernunft. Irgendwann beugen wir uns dann den scheinbaren Sachzwängen des Alltags, hören auf zu träumen und verlieren unsere Lebensfreude.

[Übung]

Was wäre, wenn …

Stell dir vor, alles, was du jetzt beginnst, würde dir auch hundertprozentig gelingen. Was würdest du dann tun? Und was würde dann plötzlich als unwichtig erscheinen? Spürst du das Kribbeln in deinem Bauch, wenn du dir Dinge vorstellst, die deinen Mitmenschen vielleicht als unvernünftig und unrealistisch erscheinen? Diese Übung wird dir einiges über deine innersten Herzensziele und Lebensvisionen klarmachen und von anderen auferlegte Ziele entlarven.

Fremdbestimmte und rein materielle Ziele machen nur kurzfristig glücklich. Die Welt ist voll von Menschen, die scheinbar alles haben und trotzdem unglücklich sind. Erst wenn du den Weg zu einem Ziel mit deinen Träumen und emotionellen Bedürfnissen in Einklang bringst, wirst du die Kraft und die Begeisterung haben, ein großes Ziel mit dem nötigen Nachdruck zu verfolgen. Mit voller Kraft und Hingabe zu leben, heißt vor allem seinen innersten Visionen und Herzenszielen zu folgen. Dann spielen Kritiker und Rückschläge überhaupt keine Rolle mehr.

Die Flammen des Herzens sprengen die Ketten.

Und das funktioniert bestimmt nicht auf der rationalen Ebene der Vernunft. Die wirklich großen Leistungen vollbringen sowieso meist Menschen, die viel unkonventioneller an die Sache herangehen. Die scheinbar Verrückten und die Träumer sind es, die letztendlich die Welt verändern.

Träume dein Leben

Für Träumerei bleibt heutzutage aber meist keine Zeit. Alles wird rational analysiert und intellektuell zerpflückt. Dabei ist im Traum alles noch viel aufregender: Da kann man fliegen, durch Wände gehen und bei den Olympischen Spielen gewinnen. Erst das Klingeln des Weckers holt uns wieder in die Realität zurück.

Zumindest scheint es so. Denn während wir träumen, ist das „Erlebte" mindestens so real wie die scheinbare Wirklichkeit nach dem Erwachen. Und doch würden wir nie auf die Idee kommen, dass unsere reale Welt auch bloß ein Traum sein könnte. Du kannst die Grenzen leicht überschreiten. Träume sind weder

Schäume noch verdrängte Botschaften und eingebildete Gefühle. Und sie sind mindestens so real wie die scheinbare Realität.

Traum und scheinbare Wirklichkeit hängen noch dazu voneinander ab. Negative Erfahrungen und Ärger während des Tages bringen meist auch entsprechende Albträume mit sich. Läuft alles nach Plan, können wir uns schöner Träume fast schon sicher sein. Auch dass Stress und Angst vielfach Auslöser beklemmender Träume sind, ist allgemein bekannt. Da kann es hilfreich sein, deine Träume ein wenig genauer unter die Lupe zu nehmen. Dann kannst du die Wirklichkeit auch leichter verändern.

[Übung]

Traumtänzer

Meist träumen wir ungleich öfter, als wir uns erinnern. Dabei gehen wertvolle Infos verloren. Du solltest daher deinen Träumen mehr Aufmerksamkeit schenken. Am besten schreibst du sie auf. Leg dir vor dem Einschlafen einen Block und einen Stift auf das Nachtkästchen. Sobald du aufwachst, kannst du deinen Traum aufschreiben. Versuche so genau wie möglich vorzugehen. Beschreibe deine Gefühle, die konkrete Handlung und die Rolle, in die du geschlüpft bist. Das kann Hinweise darauf geben, wer du in Wirklichkeit sein willst. Auch Skizzen sind hilfreich. Du solltest das aber konsequent angehen – je mehr Träume du aufschreibst, umso besser. Dann lassen sich Tendenzen erkennen. Umgekehrt kannst du damit aber auch Albträume und träumerische Schreckensszenarien zum Guten wenden. Dazu suchst du dir für einen immer wiederkehrenden bösen Traum ein Happy End. Du kannst dir zum Beispiel bildlich vorstellen, wie du gemeinen Verfolgern mit spektakulären Sprungtritten den Garaus machst. Aber auch eine Sicherungsleine, die du dir vorstellst, kann dich vor träumerischen Klippenstürzen bewahren. Stell dir das Happy End untertags immer wieder bildlich vor. Dann wird es auch schon bald im Traum eintreten.

Das Aufschreiben deiner Träume solltest du dir zur Gewohnheit machen. Dann kannst du schon bald die Grenzen zwischen Traum und Wirklichkeit überwinden.

Krieger durchschreiten die Pforte vom Traum zur Wirklichkeit.

Diese Meisterstufe nennt man luzides Träumen – das Klarträumen. Traum und Wirklichkeit verschmelzen dabei zur perfekten Einheit. Du schläfst zwar, weißt es aber auch und kannst genau bestimmen, was im Traum passiert. Es erscheint ja auch alles völlig real. Mit einem Unterschied: Die einengenden Grenzen und physikalischen Gesetze des „realen" Alltags existieren nicht mehr. Dann kannst du machen, was du willst. Und sein wer du willst. Und bald schon wird dein Leben zu einem einzigen Traum.

Nimm dir deshalb auch während des Tages immer wieder bewusst Zeit, um zu träumen. Am besten gelingt das bei kreativen und künstlerischen Tätigkeiten. Du solltest daher als Krieger auch regelmäßig am „Weg des Künstlers" üben. Immerhin waren die legendärsten Schwertkämpfer vergangener Zeiten gleichzeitig auch herausragende Künstler. Und führten zum Beispiel den Pinsel mit der gleichen Hingabe und Sicherheit wie ihr Schwert.

Du kannst dir neue Inspiration bei Ausstellungen, im Theater oder bei Konzerten holen. Kannst dich genussvoll der Musik hingeben, Gedichte lesen oder gleich selbst aktiv werden. Natürlich musst du dich dabei nicht unbedingt an klassischen Künsten orientieren. Urbane Kunst wie Modern Art, Graffiti, Hip-Hop und Elektroremixes sind dazu mindestens genauso gut geeignet.

Mit ein wenig Fantasie kannst du aber noch viel mehr. Du kannst zum Beispiel hin und wieder deinen Körper verlassen und durch Raum und Zeit reisen.

[Übung]

Den Körper verlassen

Leg dich entspannt hin und schließ deine Augen. Achte für einige Zeit auf eine ruhige Atmung und entspannte Muskulatur. Stell dir jetzt bildlich vor, wie du am Kronenpunkt – am höchsten Punkt deines Kopfes – aus deinem Körper schlüpfst. Betrachte dich anschließend für einige Sekunden und nimm deinen ruhenden Körper von außen wahr. Verabschiede dich dann, um in Lichtgeschwindigkeit zu einem Ort deiner Wahl zu reisen. Oder um eine Zeitreise zu machen, denn ob dieser Ort in der Zukunft, Gegenwart oder Vergangenheit liegt, spielt keine Rolle. Jetzt kannst du wilde Abenteuer bestehen, die tollsten Dinge erleben oder einfach nur tun, was du schon immer einmal machen wolltest. Nimm dabei deine Umgebung möglichst genau und mit allen Sinnen wahr. Zur Beendigung deiner Reise schlüpfst du wieder über den Kronenpunkt in deinen Körper. Vermeide bei deinen Reisen aber, dich in fremde Angelegenheiten einzumischen. Lass dir beim Zurückkommen Zeit und bewege zuerst Arme und Beine, bevor du die Augen öffnest und wieder in die Realität zurückkehrst.

Betrachte dein Leben immer als Gesamtkunstwerk. Und halte immer an deinen Träumen fest. Aus den bunten Farben deiner Träume und den Schattierungen der Realität entsteht dann das Kunstwerk eines traumhaften Lebens. Deines Lebens.

Wachse über dich hinaus

Im Alltag vertrauen wir meist auf Sicherheit und Gewohntes. Das Bedürfnis nach Bekanntem ist auch ein natürlicher Schutzmechanismus gegen allzu große Risiken. Besonders als Kinder übernehmen wir Ratschläge, Sichtweisen und Wertvorstellungen der Erwachsenen. Sie geben uns Halt und erleichtern die Orientierung in der Welt. Viele dieser Ratschläge, Konventionen und Ermahnungen sind durchaus sinnvoll. Es kann aber auch passieren, dass diese „Grundsätze" uns – bewusst oder unbewusst – ernsthaft im Weg stehen.

Besonders in den ersten Jahren unseres Lebens wird die Grundlage für unser späteres Selbstbild geschaffen. Erziehungsgrundsätze wie „Widersprich nicht!" oder „Das darfst du nicht!" fallen in dieser Zeit auf besonders fruchtbaren Boden. Dazu kommen gesellschaftliche Konventionen wie „Das tut man nicht!", bremsende Umweltfaktoren wie „Das haben wir schon immer so gemacht!" und dergleichen mehr. Sie alle tragen dazu bei, dass wir uns später dort Grenzen setzen, wo noch jede Menge Neuland zu erkunden wäre. Und dass wir diese Barrieren aus Angst oder Gewohnheit nie mehr in Frage stellen. So bewegen wir uns ständig in einem gut gepolsterten Käfig, der zwar Schutz bietet, aber uns gleichzeitig einsperrt. Wir beklagen uns, dass manch tolles Ziel eben nicht in unserer Reichweite liegt – und merken nicht, dass wir nur die Käfigtüre aufstoßen müssten.

Krieger sprengen Grenzen.

Immer wieder haben Menschen die scheinbaren Grenzen des Möglichen in Frage gestellt und dadurch die Welt revolutioniert. Sie widerlegten Grundsätze wie: Die Erde ist eine Scheibe, die

Erde ist der Mittelpunkt des Weltalls, Menschen können sich nicht über die Wolken erheben und vieles mehr.

Viele Grenzen, die uns behindern, bestehen aufgrund unserer vorgefassten Meinungen, die wir von uns selbst haben. Frag dich doch einmal, was du von dir selbst hältst. Du wirst feststellen, dass sich in deinem Kopf eine ganze Menge Annahmen wie „Ich bin schlecht in Mathematik", „Ich bin ein ängstlicher Typ", „Ich habe kein Talent für Sprachen", „Ich kann nichts dagegen tun, ich bin eben ein streitsüchtiger Skorpion" und viele mehr eingenistet haben. Vielleicht glaubst du ja sogar, den Lauf des Universums zu durchschauen: Sätze wie „Es ist eben so ...", „Man kann einfach nicht ..." sind nichts anderes als der Versuch, unbekannte Zusammenhänge aus beschränkter Sicht zu erklären.

Deine Vorurteile gegen dich selbst sind vielleicht schon seit deiner Kindheit in deinem Kopf und manche Ereignisse laufen gemäß einer sich selbst erfüllenden Prophezeiung ab. Weil du dir so sicher bist, dass die Ereignisse nur so und nicht anders vonstatten gehen können, verlaufen sie dann so, wie du es erwartet hast. Und wenn nicht, führen deine eigenen Annahmen dazu, es zumindest so auszulegen. So gesehen sind Grenzen nichts anderes als ein Ausdruck eigener Erfahrungen und Interpretationen, die dich die Wirklichkeit verzerrt wahrnehmen lassen. Die vermeintlichen Grenzen hindern dich, dein volles Potenzial zu nützen, scheinbar Unmögliches zu wagen und deinen Traum zu leben.

[Übung]

Aus und vorbei

Stell dir vor, du würdest auf dem Sterbebett liegen und dein ganzes Leben noch einmal Revue passieren lassen. Was hättest du anders gemacht? Worauf hättest du getrost verzichten können? Wo hättest du mehr riskiert? Welche Meinungen anderer Menschen waren wirklich wichtig?

Diese Übung wird dir viel über selbstaufgebaute Grenzen und fremdbestimmte Barrieren verraten. Sprenge sie! Denn am Ende bereut man immer nur, was man nicht getan hat.

Lebe deinen Traum

Wenn du deinen Gedanken erst einmal Kraft gegeben hast, können fast all deine Träume Wirklichkeit werden. Mit Sicherheit aber das, um was es dir tatsächlich geht. Vielleicht wirst du kein Millionär oder umjubelter Star werden. Aber was zählt das schon. Manche haben scheinbar alles erreicht und sind trotzdem unglücklich. Geld und Erfolg haben noch niemanden wirklich glücklich gemacht. Glücklich ist man oder man ist es nicht. Du solltest dich also viel weniger um Applaus und Geldregen bemühen.

Konzentriere dich lieber ganz auf dich selbst.

„Wer nicht zielt, der lernt treffen", sagt ein Grundsatz des „Kyudo", der Zen-Kunst des Bogenschießens. Das bedeutet: Anstatt ständig und verkrampft an sein Ziel zu denken, tut ein Lernender besser daran, sich selbst zu vervollkommnen: am positiven Umgang mit Mitmenschen und an seiner Gelassenheit gegenüber Misserfolgen zu arbeiten und die Wahrnehmung seines Geistes durch nichts aus der Ruhe bringen zu lassen. Wer je Zen-Meister des Bogenschießens beobachtet hat, weiß, dass es funktioniert: Ihre Trefferquote ist erstaunlich.

> Krieger wissen, dass sie selbst der Pfeil sind, der das Ziel trifft.

Oft machen wir den Fehler, uns zu sehr auf ein äußeres Ziel zu konzentrieren. Wir verkrampfen und werden hart gegen uns und andere. Wir glauben, dass der Zweck die Mittel heiligt und vergessen unsere ursprünglichen Ideale. Wir verfolgen aggressiv unser Ziel, brüllen andere nieder und können kleinere und größere Erfolge gar nicht mehr genießen. Krieger wissen, dass sie selbst der Pfeil sind, der das Ziel trifft. Konzentriere dich daher lieber auf dich selbst und verinnerliche dir immer wieder, wie du dich fühlen willst, wenn du deine Ziele erreicht hast.

[Übung]

Nur das Gefühl zählt

Definiere deine Ziele und Träume nicht mehr bloß über das, was du nach außen hin erreichen und sein willst. Geh dabei lieber von innen nach außen vor. Mach dir vor allem bewusst, wie du dich fühlen willst, wenn sich deine Träume erfüllt haben. Such nach der Stimmung, in der du sein wirst, wenn du dein Ziel erreicht hast – am besten schreibst du diese Emotionen gleich nieder und hängst sie auf. Das zeigt, um was es dir eigentlich geht. Und lässt sich mit Sicherheit auch verwirklichen.

Auf diese Weise kannst du zum wahren Wesen deiner Ziele vordringen und deine wahren Bedürfnisse erkennen. Träumst du beispielsweise von einem unbeschwerten Leben als Millionär, ist das wahrscheinlich nur ein versteckter Hinweis auf deinen inneren Wunsch nach mehr Selbstbestimmung, Sicherheit und Unabhängigkeit. Die kannst du auch viel billiger haben. Du kannst dich zum Beispiel selbstständig machen und endlich dein eigener

Chef sein. Du kannst dich aber auch von allem unnötigen Luxus befreien, deine Fixkosten senken und wirst überrascht sein, wie wenig man eigentlich benötigt, um glücklich zu sein.

Vielleicht wirst du später keinem Weltkonzern vorstehen, wirst aber stattdessen ein kleines Geschäft führen oder einer Tätigkeit nachgehen, die dich mit Freude erfüllt. Und dabei viel freier und unabhängiger sein als so mancher fremdbestimmte Topmanager, der sein ganzes Berufsleben dem Bilanz-Plansoll unterordnen muss. Hauptsache, du fühlst dich gut dabei. Eine Sache, die du mit Freude, Hingabe und Überzeugung angehst, wird dich mit Sicherheit auch irgendwann zum äußeren Erfolg führen. Du wirst deinen Erfolg dann auch richtig genießen können. Und nur darauf kommt es an!

Schreite sicheren Schrittes

Wenn du deinen Standort kennst und das Ziel deinem innersten Herzen entspringt, kannst du darauf vertrauen, den Kurs nicht zu verlieren. Wie bei jeder langen Reise empfehlen sich Etappen, um dich Schritt für Schritt deinen Zielen zu nähern. Konzentriere dich immer auch auf Teilziele, die du momentan realistisch einschätzen kannst, um den Überblick zu behalten. Bedenke auch, dass eine Vision nichts ein für alle Mal Feststehendes ist. Visionen können sich im Lauf der Zeit verändern, und zwar in dem Maß, in dem auch du dich selbst veränderst. Sie reifen und wachsen mit dir.

[Übung]

Kurskorrektur

Prüfe regelmäßig deine Ziele für die nächsten ein, zwei Jahre: Führen sie noch in die Richtung deiner Lebensvision? Haben sich

einzelne Ziele verändert? Oft vergessen wir in der Hektik des Alltags unsere innersten Ziele. Wir lassen uns von fremdbestimmten Zielen einengen und hetzen schnaufend hinterher.

Hüte dich davor, nur eine ferne Endleistung anzuerkennen und Teilziele auf dem Weg dorthin als mangelnden Erfolg anzusehen. Sonst verhältst du dich wie der Pessimist, der das Glas stets nur als halb leer wahrnehmen kann. Wenn du hingegen auch eine bewältigte Etappe als Leistung schätzen lernst, hast du gleich viel mehr Kraft für den nächsten Abschnitt.

Krieger setzen einen Fuß vor den anderen.

Viele Menschen verlangen von sich selbst, sofort Großes zu vollbringen. Diese Menschen sind oft sehr unglücklich, weil sie kleinere Erfolge gar nicht mehr genießen können. Aber große Strecken überwindet man mit kleinen Schritten. Und wenn du dich nach einiger Zeit umsiehst und zu deinem Ausgangspunkt zurückblickst, wirst du erstaunt sein, wie weit du schon gekommen bist. Krieger setzen immer einen Fuß vor den anderen.

Sei es dir wert

Bedenke aber immer, dass die Erreichung jedes Ziels auch ihren Preis hat. Das muss dich nicht belasten, wenn deine Freude auf dem Weg dorthin den Preis aufwiegt. Wenn dir deine Arbeit wirklich Freude bereitet, wird es dich weniger stören, seltener Freunde treffen zu können. Wenn du umgekehrt großen Wert auf möglichst viel Freizeit legst, wird es dir wahrscheinlich auch weniger wichtig sein, um jeden Preis Karriere zu machen.

Probleme gibt es dann, wenn du den Preis für ein Ziel nicht bedenkst und nachher unter den Konsequenzen deines Tuns leidest. Dann jammerst du darüber, dass wegen Unmengen von Überstunden deine Beziehung gelitten hat. Dass du dich so sehr auf deine Arbeit konzentriert und Freunde und Familie vernachlässigt hast.

> Krieger sind sich bewusst,
> dass die Erreichung eines Ziels seinen Preis hat.

Überprüfe regelmäßig die Wertigkeit deiner Ziele. Bist du bereit den Preis zu zahlen? Bist du bereit, die möglichen Konsequenzen auf dich zu nehmen? Nur wenn du beide Fragen mit Ja beantworten kannst, macht dich die Verwirklichung von Vorhaben glücklich.

[Übung]

Kostenrechnung

Lege eine Liste mit drei Spalten an. In der linken Spalte notierst du deine wichtigsten Ziele. In die mittlere Spalte trägst du den vermutlich zu zahlenden Preis ein, in die rechte Spalte die möglichen Konsequenzen. Beispiel: Du willst dich beruflich weiterentwickeln. Möglicher Preis: weniger Zeit für eine Beziehung. Es liegt nun an dir zu entscheiden, ob du den Zeitmangel durch die gesteigerte Qualität gemeinsamer Aktivitäten kompensieren willst, ob du momentan ganz auf eine Partnerschaft verzichtest oder einen Partner findest, der vorübergehend zurücksteckt.

BEFREIE DEINEN GEIST

Finde die Ruhe im Sturm

Shinergy führt zu einem Geisteszustand höchster Aufmerksamkeit, Klarheit und Gegenwärtigkeit. Gerade dann, wenn alles drunter und drüber geht. Das unterscheidet Shinergy grundlegend von anderen Methoden. Denn die meisten Übungsformen zur Entspannung bauen auf das gleiche Prinzip: Eine ruhige Umgebung führt auch zu einem ruhigen Geist. Dann wird das Licht gedämpft und beruhigende Meditationsmusik eingespielt, manchmal verbreitet sich sogar auch noch der Duft von Räucherstäbchen im Raum. Der Lehrer spricht langsam und bedächtig.

Diese Art der Entspannung ist zwar sehr angenehm, aber nur bedingt alltagstauglich. Denn in der Hektik des Alltags, wenn du Entspannung und Klarheit am nötigsten hast, ist das Licht meist nicht gedämpft, auch zarter Lavendelduft und Meditationsmusik sind in Konferenzsälen, Büros und im morgendlichen Verkehrschaos eher rar.

Dein Körper in kraftvoller Bewegung.
Dein Geist in unendlicher Ruhe.

Beim Shinergy-Training ist die Umgebung hingegen immer schnell und bewegt. Die Trainierenden bewegen sich voller Kraft, die schnellen Bewegungen und Angriffe der Übungspartner müssen ständig pariert werden. Der Raum ist voll Dynamik, Energie und Emotion. Und gerade in diesem Umfeld lernen die Kämpfer, sich kraftvoll und schnell zu bewegen, während ihr Geist im Augenblick ruht. In einer Situation höchster Anspannung und Bewegung entwickeln sie die Fähigkeit, innere Gelassenheit und Klarheit zu bewahren. Bewegter Körper, bewegte Umgebung, ruhender Geist – das macht das Training so wertvoll für die Arena unseres hektischen Alltags. In den folgenden Kapiteln wirst du effektive Strategien und Techniken erlernen, die deinen Geist schärfen und deine Aufmerksamkeit erhöhen. Du wirst auch in der größten Hektik ruhig und gelassen agieren und selbst in Stress- und Angstsituationen den Überblick bewahren.

Beherrsche deine Gedanken

Um unseren Geist zu schärfen, müssen wir aber erst einmal zur Ruhe kommen. Und das ist gar nicht so leicht. „Cogito, ergo sum – ich denke, also bin ich" heißt der Leitsatz des französischen Philosophen Descartes, der seither unser Weltbild bestimmt. Damit haben die Probleme aber erst richtig begonnen. Denn die zwingende Identifikation mit unseren Gedanken führt uns in die unbarmherzige Gefangenschaft eigener Intellektualität und beraubt uns des vollen geistigen Potenzials.

Wenn wir uns immer nur über das Denken definieren, können wir unsere prachtvolle Persönlichkeit gar nicht kennenlernen. Natürlich muss man nachdenken. Aber du solltest dein Denken und deine Bildung als Werkzeug einsetzen lernen. Und deine Gedanken beherrschen.

Das Denken ist ein wilder Affe.

Wenn uns da nicht ständig jemand dazwischenreden würde. Leg doch jetzt bitte für einen kurzen Moment das Buch zur Seite.

Schließ deine Augen und versuche wahrzunehmen, was da gerade in deinem Kopf vorgeht. Der reine Wahnsinn, oder? Die Gedanken zucken wie Blitze durch deinen Kopf. Gedanken an die vielen Eindrücke und Erlebnisse der letzten Tage. Oder an das, was uns in Zukunft denn alles widerfahren wird. Zornige Gedanken an den Streit im Büro, Sorgen über das, was die Zukunft bringt, oder aufreibende Gedanken an das, was du heute alles noch zu tun hast. Es ist kaum auszuhalten. Und dabei hast du es dir doch gerade erst gemütlich gemacht, um mein Buch zu lesen.

Wenn wir uns aufmerksam beobachten, werden wir feststellen, dass wir ständig eine Art „inneren Dialogs" führen. Dass wir ständig mit uns selbst reden. Wir führen mit uns selbst Zwiegespräche darüber, wie wir in einer bestimmten Situation reagiert haben, was uns alles ärgert, was als Nächstes passieren wird und über vieles mehr. Dieser Dialog mit uns selbst hat mit der tatsächlichen Situation, in der wir uns befinden, allerdings meist nur wenig zu tun. Der innere Dialog reißt uns völlig aus der augenblicklichen Situation und trübt die Sicht durch subjektive Erfahrungen in der Vergangenheit oder Erwartungen von der Zukunft. Oft entstehen dadurch Angst und Stress, die uns lähmen.

In Extremsituationen – im Kampf wie im Alltag –, in denen du rasch die richtigen Entscheidungen treffen musst, darfst du dich von diesem inneren Dialog nicht beeinflussen lassen. Nur dann kannst du die Situation gelassen wahrnehmen und entsprechend reagieren.

Am liebsten würde man sowieso gar nicht mehr denken müssen. Und endlich einmal zur Ruhe kommen. Ein frommer Wunsch! Ich muss dich enttäuschen. Nicht zu denken ist völlig unmöglich. Denke doch bitte jetzt beispielsweise nur zwanzig Sekunden lang nicht an einen Baum. Siehst du! Auch wenn in vielen Büchern über Zen und Meditation immer vom „Nichtdenken" die Rede ist – das funktioniert nicht, handelt es sich dabei oft nur um eine denkbar unglückliche Übersetzung von alten Schriften. Wir können unsere innere Stimme und inneren Bilder nicht einfach ausblenden. Aber wir können uns sehr wohl von ihrer destruktiven Macht befreien, indem wir innerlich zur Seite treten und sie aus der Distanz wahrnehmen.

Non cogito, ergo sum: Ich denke nicht, also bin ich.

„Nicht zu denken" bedeutet in Wirklichkeit, dass man seine Gedanken nicht mehr bewertet und zerpflückt. Sich nicht mehr von seinen Gedanken mitreißen lässt, um sich in die unbarmherzige Gefangenschaft des eigenen Denkens zu begeben. Dann kannst du entspannt dein eigenes Denken beobachten und brauchst dich davon nicht mehr aus der Ruhe bringen lassen. „Beobachtendes Denken" ist die weitaus bessere Bezeichnung. Lerne deine Gedanken zu beobachten und finde zu Klarheit, Ruhe und höchster Handlungsfähigkeit. Vor allem dann, wenn es brenzlig wird.

Als Beispiel verwende ich in meinen Seminaren gerne das Bild eines Kinobesuches: Wir wissen, dass die Bilder und Geräusche auf der Leinwand nichts mit unserer Person zu tun haben und lassen uns davon kaum aus der Ruhe bringen. Relativ entspannt Popcorn kauend sehen wir spektakuläre Verfolgungsjagden, Taten irrer Massenmörder oder Angriffe von Außerirdischen auf die bestehende Weltordnung. Wir schauen gelassen zu, ohne uns komplett vereinnahmen zu lassen. Wir nehmen das Geschehen nicht persönlich.

„Gedanken zu beobachten" bedeutet, dass du dich von deinem inneren Dialog bewusst lösen kannst und deine Wahrnehmung klar wird, frei von den eigenen Vorurteilen und Beurteilungen. Lerne deine Gedanken zu beobachten und löse dich von deinem inneren Dialog. Was bleibt, ist dein wahres Selbst, ein Zustand von Klarheit und innerem Frieden, echtes „Selbst-Bewusstsein" und höchste Handlungsfähigkeit.

Denn die Stille ist die größte Offenbarung.

Diese Geisteshaltung wird in alten Kriegskünsten als „Mushin" bezeichnet, was so viel bedeutet wie „leerer Geist". Mushin hat aber nichts mit Versenkung, Abwesenheit oder gar Trance zu tun. Vielmehr ist Mushin ein Zustand höchster Aufmerksamkeit, Klarheit und Gelassenheit. Ein Zustand, in dem die schnellsten Reaktionen möglich sind. Wenn du Mushin erreichst, lässt du dich von deinem Denken nicht mehr zu einer subjektiven Interpretation verleiten. Du handelst nicht mehr ichbezogen, sondern situationsbezogen – deine Reaktions- und Handlungsfähigkeit wird dadurch extrem erhöht. Mushin hat auch nichts mit reflexartigem, unbewusstem Handeln zu tun. Deine Reaktionen sind vielmehr Ausdruck reinsten, spontanen Willens.

Weil Krieger auch in Extremsituationen einen kühlen Kopf und Gelassenheit bewahren müssen, ist es für sie lebensnotwendig, sich in jeder Lage bewusst in Mushin versetzen zu können.

Ist dein Geist einmal frei von Interpretationen, nimmt er Situationen vorurteilsfrei und unverzerrt wahr. Und ruht im Augenblick. Stell dir etwa die Spiegelung des Mondes auf dem Wasser eines Flusses vor: Sie bewegt sich nicht und zerfließt nicht. Nur das Wasser strömt vorbei. Ebenso ist es idealerweise mit dem inneren Dialog: Gedanken und Bilder fließen ungehindert vorbei und beeinflussen deine Aufmerksamkeit nicht.

Vielleicht hast du diesen Zustand ja schon einmal erlebt. Zum Beispiel in einer Gefahrensituation: Ein Unfall passiert, doch statt vor Angst gelähmt zu sein, emotionell überzureagieren oder zusammenzubrechen, tust du genau das Richtige, ohne lange nachzudenken. Dieser Zustand reinster Wahrnehmung ist Mushin. Erst danach, wenn alles getan ist, folgen die Emotionen, die Interpretationen und das schockartige Wahrnehmen des Geschehenen.

Weil Krieger auch in Extremsituationen einen kühlen Kopf und Gelassenheit bewahren müssen, um genau die richtigen Entscheidungen treffen zu können, ist es für sie lebensnotwendig, sich in jeder Lage bewusst in Mushin versetzen zu können. Sie zeichnen sich durch die Fähigkeit aus, gelassen zu bleiben und richtig zu reagieren, selbst wenn rundherum alles drunter und drüber geht.

Erfülle den Augenblick

Das Erreichen von Mushin – dem leeren Geist – zählt zu den höchsten Tugenden eines Kriegers. Diese Geisteshaltung ist der Zustand höchster Aufmerksamkeit und Handlungsfähigkeit. Und ist vor allem in Angst- und Stresssituationen notwendig. Und leicht erfahrbar. Alles, was du dazu tun musst, ist, dich voll und ganz dem gegenwärtigen Augenblick zu widmen. Doch unser Geist ist ein Spielverderber und neigt dazu, ständig in die Zukunft oder die Vergangenheit abzuschweifen. Selten erleben wir den tatsächlichen Augenblick. Wir sitzen im Auto und fragen uns schon, was uns im Büro erwartet. Oder wir grübeln über den gestrigen Streit mit unserem Kollegen. Wir sitzen im Büro und denken daran, was wir nach Feierabend unternehmen werden. Wir sitzen mit Freunden zusammen und denken schon an den nächsten Arbeitstag. Im Geist sind wir eigentlich so gut wie nie dort, wo wir eigentlich gerade sind: im Augenblick. Nicht einmal beim Sitzen.

Eine der besten Übungen, die es dir ermöglicht, den Zustand der Ruhe zu erreichen, das bewusste Sitzen, steht daher am Beginn jedes Shinergy-Trainings. Die Meditation führt dazu, dass du Abstand von deinen ständig kreisenden Gedanken gewinnst und dich voll und ganz dem Augenblick widmen lernst. Das bewusste Sitzen ist daher auch eine perfekte Übung für Klarheit und Konzentration.

[Übung]

Hier und jetzt!

Setz dich aufrecht auf einen Stuhl vor eine leere Wand. Leg beide Handflächen auf deine Oberschenkel. Entspanne deine Muskulatur. Die Schultern hängen entspannt nach unten, der Oberkörper ruht entspannt und lotrecht über dem Becken. Halte deine Augen geöffnet und richte deinen Blick auf die leere Wand vor dir oder auf den Boden.

Beginne jetzt deinen Atem zu beobachten, ohne ihn zu beeinflussen. Versuche nicht, den Rhythmus und die Tiefe deines Atems zu bewerten oder zu verändern. Nimm ihn einfach nur wahr. Beginne jetzt die einzelnen Atemzüge im Geiste mitzuzählen: einatmen – 1, ausatmen – 2 usw. von 1 bis 10. Dann beginne wieder bei 1. Beobachte die Gedanken, die auftauchen, lasse sie einfach zu – aber ebenso leicht wieder los: wie Wolken, die langsam am Himmel vorbeiziehen. Konzentriere dich einfach wieder auf deinen Atem und das Zählen. Beginne mit einigen wenigen Minuten und steigere dich langsam auf 10 Minuten des bewussten Sitzens.

Die Übung führt zu geistiger Ruhe und Klarheit und sollte vor allem dann ausgeführt werden, wenn wieder einmal alles drunter und drüber geht. Sie bringt dich zum einzigen Ort und Zeitpunkt, den es mit Sicherheit gibt: in das Hier und Jetzt. Sie bringt deinen Geist zurück in den Augenblick. Sie befreit dich vom inneren Dialog und führt dich in den Zustand des Mushin – des leeren Geistes. Ob du es willst oder nicht. Sobald du aber die Gegenwärtigkeit verlierst und dich von deinen Gedanken ablenken lässt, wirst du, auch nach vielen Jahren des Trainings, weiterzählen und dich vielleicht bei „74, 75 …" ertappen. Kehre in diesem Fall gleich wieder zur Übung zurück und beginne erneut mit dem Zählen von eins bis zehn.

Die erfahrene Gelassenheit ist ein Zustand höchster Aufmerksamkeit und Handlungsfähigkeit. Willkommen im Hier und Jetzt!

Deine Zeit ist jetzt! Dein Platz ist hier!

Der gegenwärtige Augenblick ist der einzige Zeitpunkt, von dem du mit Sicherheit behaupten kannst, dass es ihn gibt. Die Zukunft steht in den Sternen. Du wirst dich glücklicher und zufriedener fühlen, wenn du dich auf das Hier und Jetzt konzentrierst und einlässt. Dies im Sitzen zu schaffen, ist aber nur ein erster Schritt. Schließlich willst du ja nicht dein ganzes Leben sitzend verbringen. Fortgeschrittene können ihre Gelassenheit daher auch in der größten Hektik bewahren und in Stress- und Angstsituationen selbstbestimmt und gegenwärtig agieren. Dazu benützen sie jede Trainingsmöglichkeit, die sich bietet. Jede auch noch so alltägliche Tätigkeit kann zur edlen Meditationsübung erhoben werden, wenn man sie mit völliger Bewusstheit und Gegenwärtigkeit ausführt. Es kann weitaus meditativer sein, völlig gegenwärtig durch eine belebte Einkaufsstraße zu gehen als in einem abgeschiedenen Meditationszentrum herumzusitzen und dabei ständig darüber zu grübeln, was gestern war, oder sich zu sorgen, was morgen vielleicht sein wird. Du kannst ab jetzt jede deiner Tätigkeiten als Übung nützen. Und jederzeit zu Ruhe und Gegenwärtigkeit finden.

[Übung]

Meditation im Alltag

Um im Alltag zu meditieren und Mushin, die Geisteshaltung höchster Gegenwärtigkeit, zu schulen, könntest du zum Beispiel

- einfach nur essen: dich bewusst dem Essen widmen, deine Nahrung mit allen Sinnen wahrnehmen und jeden Bissen bis zu 20 Mal kauen;
- einfach nur gehen: dabei bewusst den Boden unter deinen Füßen wahrnehmen und dich auf muskuläre Verspannungen und Details deiner Umgebung konzentrieren;
- einfach nur spüren: bei alltäglichen Tätigkeiten die Augen schließen, um bewusst Verspannungen in deiner Muskulatur aufzulösen;
- einfach nur spielen: die Stadt als Spielplatz nützen, um auf Bordsteinkanten zu balancieren, über Pfützen zu hüpfen und in der U-Bahn auf einem Bein zu stehen.

Konzentriere dich auch im Alltag immer wieder auf den gegenwärtigen Augenblick und versuche innezuhalten, um einzelne Tätigkeiten bewusst und konzentriert auszuführen. Finde im Augenblick zur Ruhe im Chaos!

Sammle dich sinnlich

Eine weitere Möglichkeit, um jederzeit zu Gegenwärtigkeit und Ruhe zu finden, ist die bewusste Aktivierung deiner Sinne. Denn wo immer deine Gedanken auch gerade sein mögen, die Wahrnehmung deiner Sinnesorgane ist stets im Hier und Jetzt. Du kannst eben nur das riechen, sehen, hören, spüren und schmecken, was jetzt gerade da ist. Wo immer du auch gerade bist. Und was immer dir auch gerade anderes durch den Kopf geht. Die Konzentration auf deine Sinneswahrnehmung bringt dich sofort in die Gegenwart zurück. Und schärft deine Wahrnehmung.

[Übung]

Sinnlich leben

Nimm dir vor, einmal einen Tag einem bestimmten Sinn zu widmen. Etwa dem Gehör. Versuche an diesem Tag, immer wieder auch die kleinsten Geräusche bewusst wahrzunehmen und ihrer Herkunft auf den Grund zu gehen. Halte etwa im Büro kurz inne. Was hörst du? Schritte. Stimmen. Geräusche von Büromaschinen und mehr. Woher kommt das Geräusch? Wodurch wird es erzeugt? An einem anderen Tag nimmst du dir dein Sehvermögen vor: Weißt du zum Beispiel, wie die Dächer der Häuser aussehen, an denen du auf deinen täglichen Wegen vorbeikommst? Erinnerst du dich noch daran, was die Person anhatte, die gerade zur Tür hinausging? Aktiviere am nächsten Tag deinen Geschmackssinn und genieße dein Mittagessen in vollen Zügen,

anstatt es eilig hinunterzuschlingen und dabei noch irgendwelche anderen Dinge zu erledigen. Lass deiner Fantasie freien Lauf und trainiere so auch den Geruchssinn und deine Berührungsempfindungen.

Wenn du solche Übungen regelmäßig ausführst, wirst du schon bald eine markante Verbesserung deiner Aufmerksamkeit feststellen. Du wirst etwa Menschen bereits an ihren Schritten erkennen oder an Parfum in der Luft feststellen können, wer gerade den Raum verlassen hat.

Krieger nehmen die Umwelt mit allen Sinnen wahr.

Um die Umwelt umfassend überblicken zu können, ist es entscheidend, sie mit allen Sinnen wahrzunehmen. Doch in der Hektik des Alltags, der uns mit Geräuschen, Gerüchen oder optischen Eindrücken überreizt, geht die bewusste Sinneswahrnehmung von Details meist verloren. Die Botschaften unserer Sinnesorgane nehmen wir nur noch unklar wahr. Menschen, die alle Sinne maximal einsetzen, können über Eindrücke berichten, die andere in Staunen versetzen.

Durch bestimmte Übungen, die deine Sensibilität verbessern, kann es dir gelingen, alle Sinne optimal zu schärfen. Krieger wissen, dass ihr Leben von dieser Fähigkeit abhängen kann, und kultivieren sie daher, um sie auf höchstes Niveau zu bringen. Krieger leben sinnlich. Wenn du einzelne Sinne besonders trainieren willst, kannst du dazu die folgenden Übungen probieren:

Die Kraft der Augen stärken

Stell dich gerade hin. Zeichne mit gestreckten Armen und nach oben gestreckten Daumen möglichst große, regelmäßige, liegende Achter, ähnlich dem Symbol für Unendlichkeit, in die Luft. Folge mit den Augen, ohne den Kopf zu bewegen. Beginne dabei immer mit einer Aufwärtsbewegung! Diese Übung wird die Muskulatur deiner Augen stärken und ist ideal, wenn du nach einem langen Arbeitstag müde bist.

Die Kraft der Ohren stärken

Unsere Wahrnehmung ist heutzutage fast ausschließlich auf den Sehsinn konzentriert. Dabei ist längst erwiesen, dass beispielsweise unser Gehör viel differenzierter wahrnehmen kann. Mit einiger Übung können wir sogar die räumliche Wahrnehmung stärken und über das Gehör Gegenstände und Personen präzise orten. Das kann nicht nur im Kampf dein Leben retten. Stell dich aufrecht und mit geschlossenen Augen hin. Ein Übungspartner bewegt sich im Abstand einer Armlänge rund um dich herum, stoppt beliebig und teilt dir mit einem akustischen Signal (er kann zum Beispiel laut seinen Namen rufen) seine Position mit. Versuche die Position nur mit Hilfe deines Gehörs zu bestimmen und greife mit geschlossenen Augen zur Schulter des Partners.

Auch wenn die Übung anfangs schwierig erscheint, du wirst erstaunt sein, wie genau du nach einiger Übung deinen Partner orten kannst.

Aktiviere deine Aufmerksamkeit

Um mögliche Gegner und die äußere Situation umfassend wahrnehmen zu können, ist es wichtig, die Aufmerksamkeit zu optimieren. Und konzentriert zu bleiben. Die Aufmerksamkeit zu konzentrieren, heißt aber nicht, sie räumlich einzuschränken. Im Kampf wäre es fatal, die Aufmerksamkeit ausschließlich auf den Gegner zu konzentrieren und die Umgebung völlig außer Acht zu lassen. Auch im Alltag ist es immer wieder notwendig, dass du eine Vielzahl von Tätigkeiten gleichzeitig ausführen kannst. Aber bitte im „Jetzt"!

Konzentriere deine Aufmerksamkeit daher nicht räumlich. Fokussiere dich lieber zeitlich. Und bleib gegenwärtig. Dann kannst du leicht viele Dinge gleichzeitig erledigen. Du bist vollkommen auf deine Aufgaben konzentriert und behältst gleichzeitig den Überblick. Am leichtesten wirst du dir dabei tun, wenn du beide Teile deines Gehirns aktivierst.

Flammendes Herz und kühler Kopf.

Man unterscheidet zwei unterschiedliche Formen der Aufmerksamkeit. Sie werden von verschiedenen Bereichen des menschlichen Gehirns gesteuert und haben unterschiedliche Funktionen.

- Die analytische, rationale Aufmerksamkeit wird von der linken Gehirnhälfte gesteuert. Diese Art der Aufmerksamkeit ist immer nur auf ein bestimmtes Objekt konzentriert und blendet alles andere aus. Sie wird bei Aufgaben benötigt, die ein analytisches und logisches Vorgehen erfordern. Beim Lösen von Rechenaufgaben, bei der Buchhaltung, beim Ausarbeiten von Strategien oder beim Analysieren verwenden wir die linke Gehirnhälfte.

- Die intuitive, kreative Aufmerksamkeit wird von der rechten Gehirnhälfte gesteuert. Anstatt auf einen bestimmten Bereich konzentriert zu sein, wird die komplexe Wahrnehmung von Zusammenhängen ermöglicht. Bei vielschichtigen Aufgaben, die eine ganzheitliche Wahrnehmung erfordern und bei denen Gefühl und Einfühlungsvermögen gefordert sind, ist diese Aufmerksamkeit notwendig, etwa wenn wir größere Projekte überblicken müssen, uns in einer Gruppe unterschiedlicher Menschen zurechtfinden wollen oder bei jeder Art von künstlerischer Tätigkeit.

[Gehirn]

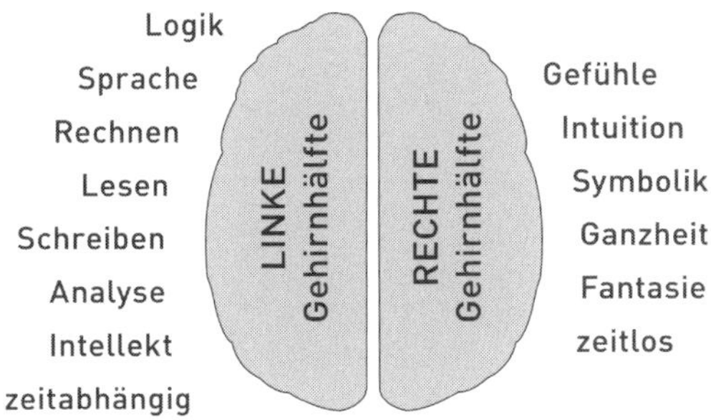

Bei den meisten Menschen dominiert eine bestimmte Form der Aufmerksamkeit. So gibt es Menschen, bei denen die linke, analytische Aufmerksamkeit vorherrscht. Diese Menschen können zwar analytisch und logisch an die Lösung verschiedener Probleme herangehen, verlieren sich aber oft im Detail. Es fehlt eine gewisse Weitsicht und Kreativität für langfristige Lösungen.

Menschen, die ihre Umwelt vorwiegend über die rechte, intuitive Gehirnhälfte wahrnehmen, können zwar aufwendige Zukunftsszenarien entwerfen und andere davon überzeugen. Die konkrete Umsetzung fällt ihnen aber sehr schwer, weil sie sich nicht ausreichend um genaue Planung und Einzelheiten kümmern. Statt ein Projekt zu beenden, sind sie in Gedanken schon beim nächsten. Durch die Überbetonung einer Art der Aufmerksamkeit können wir Gegner und Umwelt also nie wirklich vollständig wahrnehmen. Viele Lösungsmöglichkeiten gehen dadurch verloren, unser Potenzial kann sich nicht entfalten.

Krieger schenken jeder Herausforderung ihre ungeteilte Aufmerksamkeit.

Mit den folgenden Übungen kannst du die Aktivierung deiner Gehirnhälften fördern und deine Aufmerksamkeit stark verbessern. Die Übungen nützen den Umstand, dass die einzelnen Gehirnhälften für Bewegungen der jeweils anderen Körperseite zuständig sind. So werden beispielsweise Bewegungen deiner rechten Hand von der linken Gehirnhälfte gesteuert und umgekehrt. Überkreuzbewegungen und Koordinationsaufgaben fordern das Zusammenspiel beider Gehirnhälften und aktivieren sie. Die umfassende Wahrnehmung von Gegner und Umwelt wird möglich und potenzielle Lösungen von Problemen leichter erkennbar.

[Übung]

Kreuzgang

Stell dich aufrecht hin und beginne am Stand zu gehen. Dann berührst du im Gehen mit den Handflächen abwechselnd die Knie – allerdings überkreuzt, also mit der linken Hand das rechte Knie und mit der rechten Hand das linke Knie. Wenn du diese Bewegung ohne Schwierigkeiten durchführen kannst, folgst du gleichzeitig mit den Augen einem großen, imaginären Kreis im Raum. Abwechselnd 5 Mal nach links, dann 5 Mal nach rechts.

Kreuzgang

Wechselgang

[Übung]

Wechselgang

In dieser fortgeschrittenen Variante wechselst du ständig zwischen einem Kreuzgang und einer gleichseitigen Bewegung. Zuerst bewegst du dich über Kreuz und berührst mit der linken Hand dein rechtes Knie, um anschließend mit der rechten Hand dein linkes Knie zu berühren. Nach einigen Wiederholungen wechselst du in einen gleichseitigen Gang. Jetzt berührst du mit der rechten Hand dein rechtes Knie und dann mit der linken Hand dein linkes Knie. Wechsle nach einigen Wiederholungen erneut zum Kreuzgang. Um die Effektivität dieser Übung noch zu steigern, kannst du dabei deinen Blick verändern. Schau beim Kreuzgang immer auf einen Punkt links oben und richte deinen Blick beim gleichseitigen Gang auf einen imaginären Punkt rechts unten. Bewege dazu aber nur deine Augen.

Achterstehen

Achterstehen

Stell dich in abgebildeter Position mit überkreuzten Armen und Beinen hin, schließ deine Augen und achte auf eine ruhige Atmung. Für dein Gehirn verschwimmt jetzt die klare Zuordnung der Körperseiten. Wo beginnt der rechte Arm, wo endet der linke Arm? Bleib für 10 bis 20 Atemzüge in dieser Stellung und wechsle sie dann, indem du das andere Bein und den anderen Arm in die vordere Position bringst. Das fördert die Koordination beider Gehirnhälften und aktiviert deine volle Aufmerksamkeit.

Die Verbindung

Beende deine Übungen immer in folgender Position, die eine Koordination beider Gehirnhälften fördert: Stell dich aufrecht und entspannt hin und leg die Fingerspitzen deiner Hände in Brusthöhe aneinander. Schließ deine Augen und halte diese Stellung für 10 bis 20 Atemzüge.

Die Verbindung

Führe diese Übungen immer dann aus, wenn du klar denken musst, Stress hast oder irgendwie „neben dir stehst". Morgenmuffel üben am besten gleich nach dem Aufstehen – du wirst überrascht sein, wie schnell die morgendliche Benommenheit verfliegt.

Durchbrich die Routine

Shinergy löst sich von den starren Konzepten traditioneller Kampfkünste. Anstatt der endlosen Wiederholung formelhafter Bewegungsmuster werden die Techniken dreidimensional erlernt sowie ständig variiert und die perfekt der jeweiligen Situation angepasste Anwendung ermöglicht. Die Ziele werden dabei ständig verändert und die Trainierenden müssen auf die unterschiedlichsten Situationen reagieren. Auf natürlichen Reflexen basierende Abwehrtechniken nützen die Kraft körperlich überlegener Angreifer, blitzschnelle und präzise Bein- und Handtechniken finden aus jeder Position heraus ihr Ziel.

Diese Fähigkeiten sind die Voraussetzung für eine realistische Selbstverteidigung. Und schärfen zudem den Geist. In Seminaren stelle ich den Teilnehmern gerne folgende Frage: „Wie lange benötigt man, bis man Mushin, den Zustand absoluter Gegenwärtigkeit, auch in Bewegung erhalten kann?" Die Schätzungen liegen dabei überwiegend zwischen fünf und zwanzig Jahren.

Und meist sind die Teilnehmer von meiner Antwort „Das funktioniert sofort – innerhalb eines Augenblicks!" überrascht. Dann bitte ich einen Teilnehmer, mit seinem Handballen auf einen Schlagpolster zu schlagen, den ich ihm in einer fixen Position entgegenhalte, und die gleiche Bewegung immer wieder zu wiederholen. Das gelingt relativ leicht. Sogar dann, wenn ich den mutigen Teilnehmer während der Übung nach seinem Frühstück frage oder mich nach seiner Abendgestaltung erkundige.

Sobald ich jedoch damit beginne, den Schlagpolster zu bewegen, und der Teilnehmer seine Handballenstöße ständig variieren muss, funktioniert das nicht mehr. Frage ich dann nach dem Frühstück, unterbricht der Teilnehmer seine Bewegung, kann überhaupt nicht antworten oder verfehlt sein Ziel. Kein Wunder: Während des Abspulens vorgegebener Bewegungen bezogen auf ein fixes Ziel kann der Geist noch leicht in die Zukunft oder die Vergangenheit abschweifen. Die Bewegung ist jetzt, der Geist ist beim Frühstück oder beim abendlichen Kinobesuch. Sobald die

Bewegung aber variiert werden muss und der Teilnehmer auf eine ständig wechselnde Situation reagiert, ist dies unmöglich. Damit es gelingt, muss der Teilnehmer während der zweiten Übung im „Hier und Jetzt" sein. Sein Geist muss im Augenblick ruhen.

Krieger meditieren immer!

Die ständige Variation der Shinergy-Techniken erhebt das komplette Training zu einer einzigen Meditation. Denn Meditation bezieht sich nicht auf das, „was man tut", sondern darauf, „wie man etwas tut". Und ist fürwahr nicht zwingend mit Stille verbunden. Immer dann, wenn wir unsere Reaktionen variieren und ganz bewusst der jeweiligen Situation anpassen, anstatt Bewegungen blind abzuspulen, meditieren wir. Und werden vom gegenwärtigen Augenblick erfüllt.

Im Alltag haben wir oft das Gefühl, uns in einem Hamsterrad abzustrampeln. Und am Ende des Tages erst wieder nichts weitergebracht zu haben. Schuld daran ist die Routine. Im Alltag sollten wir uns daher bemühen, Gewohnheiten abzulegen und Handlungen bewusst zu variieren.

Wenn du die tägliche Routine durchbrichst, wird dein ganzes Leben zu einer Meditation. Und du fühlst dich jung. Die Welt dreht sich immer schneller und die Jahre scheinen für viele Menschen im Alter viel rascher zu vergehen als früher. Sicherlich erinnerst du dich an die scheinbar endlosen Sommer deiner Kindheit. Und hast heute das Gefühl, dass die Zeit nur so dahinrast und der Sommer nicht mehr so lange dauert. Der Grund dafür ist die tägliche Routine. Sie lässt die Zeit subjektiv schneller vergehen, weil dein Gehirn aufgrund der vielen Gewohnheiten nicht mehr gefordert wird und du wie ein Roboter deinen Alltag abspulst. Als Kind hast du noch jeden Tag etwas Neues erlebt. Heute leidest du unter dem Gefühl der ständig zunehmenden Beschleunigung, das du nur loswerden kannst, indem du deine Alltagsroutine unterbrichst und dich neuen Erfahrungen öffnest.

[Übung]

Alles fließt

Versuche alltägliche Handlungen zu variieren und bewusst an neue und ungewohnte Bedingungen anzupassen. Du kannst zum Beispiel

- deine Umgebung verändern und deinen Platz bei Besprechungen und am Mittagstisch wechseln oder deine Wohnung und deinen Arbeitsplatz umgestalten,
- die Hand wechseln und alltägliche Tätigkeiten wie Zähneputzen mit der anderen Hand ausführen,
- neue Wege gehen und einen anderen Weg zur Arbeit wählen, dir eine andere Laufstrecke suchen oder dich in einem neuen Supermarkt zurechtfinden,
- neue Zeiten einläuten und deine gewohnte Tagesplanung verändern oder spontane Pausen einlegen,
- dich selbst fördern und dich weiterbilden oder eine neue Sportart ausprobieren.

Dir fallen dazu sicherlich noch viele Übungen ein. Lass deiner Kreativität freien Lauf und erhebe deinen Alltag zur Meditation!

Erweitere deinen Horizont

Viele Menschen geben irgendwann auf. Und erstarren in Gewohnheiten und Routine. Um ihre festen Ansichten durch hochmütige Glorifizierung der eigenen Vergangenheit zu untermauern. Doch das Leben ist Bewegung – etwas, womit der Tod nicht dienen kann und oft auch nicht ein höheres Lebensalter. Manche älteren Menschen glauben, dass sie alles wissen und alles kennen, und werten deine Träumereien als kindische Spinnerei ab. Man erkennt sie leicht an den Aussagen: „Früher war alles besser", „Was weißt denn du schon", „Das kenne ich doch längst". Man erkennt sie aber auch an ihrer Ausstrahlung. Meist wirken sie viel älter, als sie eigentlich sind.

Andere ältere Menschen hingegen scheinen sich ihre Jugendlichkeit bis ins hohe Alter bewahrt zu haben. In ihren Gesichtern strahlen die Augen voller Lebendigkeit und Lebensfreude. Diese Leute scheinen die Quelle ewiger Jugend gefunden zu haben. Und wenn man sich mit solchen Kriegern fortgeschrittener Altersklassen unterhält, fallen einem immer eine nahezu kindliche Neugier gegenüber dem Leben und das Interesse an Neuem auf.

Der Anfängergeist ist die Quelle ewiger Jugend.

In der Kampfkunst bezeichnet man die Offenheit gegenüber Neuem und die ständige Bereitschaft zur Weiterentwicklung als Anfängergeist. Durch das Wissen, dass man niemals perfekt sein wird und ständig dazulernen kann, bleibt man flexibel und entgeht dem Schicksal, vergrämt und stur zu werden.

[Übung]

Neue Wege

Um einen offenen Geist zu bewahren, solltest du dich auch immer wieder in neuen Fertigkeiten üben. Such dir dafür Möglichkeiten, deinen Horizont zu erweitern, und begib dich regel-

mäßig auf unbekanntes Terrain. Du kannst ein Instrument oder ein Handwerk erlernen, Kurse besuchen und dich in Bereichen weiterbilden, die mit deiner Profession nur wenig zu tun haben. Tausche dich auch stets mit Menschen aus, die andere Interessen haben. Triff dich doch einmal mit Jugendlichen oder mit Menschen anderer Herkunft. Hör anderen immer aufmerksam zu. Und lerne!

Der Anfängergeist ist die Quelle ewiger Jugend. Spiritualität verleiht keinen schwarzen Gürtel. Wie viel du jetzt auch zu wissen glaubst und was immer du jetzt schon alles kannst, die Welt wird dir ständig neue Chancen zum Wachstum eröffnen. Nütze sie alle! So bleibst du flexibel. Und für immer jung.

Ein Zeichen unserer Zeit ist der ausgeprägte Jugendkult. Der Tod wird verdrängt, das Alter verleugnet. Was zählt, ist die Jugend. Und die gilt es zu erhalten – um jeden Preis. Ganze Industrien leben vom Wunsch nach ewiger Jugend. In Fitnesscentern und Wellnesstempeln und mittels zahlreicher Ratgeber und Vitaminpräparate wird vergebens versucht, der „Krankheit Alter" zu entfliehen. Von den Werbeplakaten lächeln sie uns auch noch ständig entgegen: braungebrannte Menschen mittleren Alters, die aussehen, als hätten sie ihr ganzes Leben am Golfplatz verbracht. Doch bei genauerem Hinsehen erkennt man in ihren Augen schnell den gelifteten Hang zur Ausdruckslosigkeit. Dem stehen die Traditionen alter Kriegskünste gegenüber, in denen das körperliche Altern als natürliche Voraussetzung für die spirituelle Entwicklung gilt. Die würdevolle Ausstrahlung eines alten Menschen zeigt, dass er durch mutige Konfrontation mit den Anforderungen des Lebens Erkenntnis, Weisheit und innere Kraft erreicht hat. Die Lebensfreude strahlt diesen Menschen förmlich aus dem Gesicht.

[Übung]

Altersvorsorge

Schreibe zumindest drei deiner größten Stärken auf ein Blatt Papier. Was kannst du besonders gut? Überlege dir nun, auf welche Art du diese Fähigkeiten weiterentwickeln kannst – und zwar ein Leben lang. Spare dabei alle Attribute aus, die im natürlichen Verlauf des Alterns abnehmen. Konzentriere dich lieber auf Eigenschaften und Strategien, die du völlig altersunabhängig verbessern kannst. Entspannung, Ruhe, Gelassenheit und Ökonomie sind sicher gute Tipps.

Handle mit Hingabe

Shinergy reduziert die im Laufe der Zeit stark ausgeschmückten Techniken der asiatischen Kampfkünste wieder auf ihre wesentliche Urform. Übertriebene Showbewegungen, Ausschmückungen und unnötige Ausholbewegungen der Techniken werden vermieden. Effektivität und Ökonomie leiten die Bewegungen, die Eleganz der einzelnen Techniken entsteht durch die Hingabe und geistige Einstellung des Ausführenden.

Während also in vielen asiatischen Kampfkünsten heute die Bewegungen übertrieben theatralisch ausgeführt werden und eine Vielzahl von unnützen Formen gelehrt wird, konzentriert sich Shinergy auf die ökonomische, aber effiziente Ausführung der Techniken. Dabei wird umso mehr auf die richtige Einstellung, die perfekte Ausführung und den vollen Einsatz geachtet. Denn im Kampf kann ein perfekt gesetzter Faustst0ß weit mehr ausrichten als spektakulär wirkende Sprünge. Gerade wegen der Ökonomie und der geistigen Einstellung, Präsenz und völligen Hingabe der Kämpfer wirken Shinergy-Techniken immer elegant.

Dies entspricht dem Grundsatz des „Shibumi" – der Kunst der Einfachheit, der schlichten Eleganz und Hingabe. Shibumi zieht sich durch alle Bereiche asiatischer Kultur. In der Zen-Malerei etwa gilt es als höchste Kunst, mit wenigen, perfekt gesetzten Tuschestrichen sehr vielschichtige Stimmungen darzustellen. Auch die Schlichtheit und gleichzeitige Eleganz traditioneller japanischer Architektur wurzelt in Shibumi.

Weniger ist mehr.

Shibumi ist die Kunst, Unnützes wegzulassen, sich voll und ganz auf das Wesentliche zu konzentrieren und so eine Harmonie der Einfachheit herzustellen. Dieses Prinzip lässt sich auf zahlreiche Situationen des alltäglichen Lebens übertragen: Anstatt sich in unnötigen Details und auf Umwegen zu verlieren, ist es oft viel eleganter, unter geringstmöglichem Energieeinsatz auf sein Ziel zuzusteuern. Dabei hat Shibumi nichts mit spartanischer Lebenseinstellung oder knausriger Sparsamkeit zu tun – es geht immer auch um die schlichte Schönheit des Resultats.

Als Symbol kann das Schwert der japanischen Samurai dienen: Es ist höchst wirkungsvoll im Kampf und frei von jeder überflüssigen Verzierung, doch der perfekte Schwung und die edle Verarbeitung der Klinge verleihen dem Schwert eine klare Eleganz, die Form und Funktion perfekt in sich vereint. Auch die japanische Teezeremonie ist ein gutes Beispiel für Shibumi: Jeder Handgriff dient einem konkreten Zweck, unnötige Bewegungen werden vermieden. Trotzdem wirken die Zubereitung und das Einschenken des Tees vollendet elegant. Es gilt als höchste Kunst, diese Zeremonie mit größtmöglicher Hingabe und Konzentration durchzuführen, ohne die Gedanken abschweifen zu lassen.

Krieger achten auch im Alltag auf Hingabe und Harmonie.

[Übung]

Elegant durch den Alltag

Versuche einmal, selbst einfachste Tätigkeiten mit voller Hingabe auszuführen. Auch scheinbar Unwichtiges. Beobachte dabei deine einzelnen Bewegungen. Sind sie hastig? Lieblos? Oder bewusst? Elegant? Ökonomisch? Schenke scheinbar simplen Tätigkeiten wie Kaffeetrinken, Essen oder der Art und Weise, wie du dein Telefon bedienst, mehr Aufmerksamkeit. Achte auf deine Bewegungen, bemühe dich um entspannte, anmutige und bewusste Ausführung, denke an nichts anderes. Dann entsteht Shibumi – Harmonie und Eleganz ohne Verzierungen.

Du wirst darüber hinaus merken, dass du dich in jenen Momenten geistig sammeln kannst und deine Gedanken zur Ruhe kommen. Dies erklärt auch, warum in traditionellen Zen-Klöstern Schüler anfangs mit scheinbar banalen Arbeiten – wie den Hof kehren – beschäftigt werden. Lerne, dich voll und ganz auf die einfachsten alltäglichen Tätigkeiten zu konzentrieren, sie mit Eleganz und voller Hingabe auszuführen und deinen Geist dabei zur Ruhe zu bringen.

LEBE DIE LEICHTIGKEIT

Nachdem du deinen Geist geschärft hast und nun auch in der größten Hektik ruhig und gegenwärtig agieren kannst, ist es an der Zeit, deinen Körper zu wappnen. Und Kraft für die Herausforderungen deines Weges zu sammeln. Die Übung Shinergy[force] steht deshalb, nach der Meditation, auch am Anfang des Trainings. Am besten du probierst sie gleich einmal aus:

Einfach nur stehen

Stell dich hin – die Füße sind hüftbreit voneinander entfernt – und hebe beide Arme auf Brusthöhe an. Die Arme bilden dabei einen Kreis, die Fingerspitzen zeigen zueinander, ohne sich zu berühren. Schließ die Augen, achte auf eine ruhige Atmung. Und bleib für die nächsten 60 Minuten so stehen.

Klingt einfach, oder? Aber nur solange du die Übung nicht ausprobiert hast. Sie wird dir nämlich schnell deine körperlichen Grenzen vor Augen führen. Ich kenne viele junge Athleten und durchtrainierte Supersportler, die spätestens nach dreißig Minuten zitternd, erschöpft und schweißgebadet aufgeben. Und ich kenne Sechzigjährige, die lächelnd für zwei Stunden in dieser Position stehen, um sich anschließend erfrischt ihrem Alltag zu widmen. Du siehst: Stärke ist nicht immer nur eine Sache von reiner Muskelkraft.

Die folgenden Kapitel werden dir Zugang zu deiner innersten Kraft verschaffen. Und deine wahre Stärke aktivieren. Dazu musst du aber grundlegend umdenken. Denn: Kraft und Stärke wird in unserer leistungsorientierten Gesellschaft immer mit Krampf und Anstrengung gleichgesetzt. Und Leistung ist in unserem Denken stets mit Entbehrung und Quälerei verbunden. „No pain, no gain – ohne Schmerz kein Fortschritt" – man muss sich eben durchquälen und immer noch ein wenig mehr verkrampfen, um Erfolg zu haben.

Die wahre Stärke liegt in der Leichtigkeit.

Und so quält man sich durch die Tristesse moderner Fitnesstrends. Stählt seinen Körper auf futuristischen Maschinen und rackert sich in skurril anmutenden Hamsterrädern ab. Bei Shinergy entsteht die wahre Stärke hingegen durch die Fähigkeit zur Entspannung und die perfekte Koordination von Körper und Geist.

Kraft und Leistung ist bei Shinergy immer auch mit Leichtigkeit und Mühelosigkeit verbunden. Fortgeschrittene bewegen sich geschmeidig wie Katzen. Doch innerhalb eines Augenblicks verwandelt sich diese Entspannung in eine blitzschnelle Bewegung voller Kraft und Anmut.

Heutzutage sind viele Kampfkünste zum brachialen Kräftemessen verkommen – der Stärkere gewinnt. Intelligente Kampfkunst darf aber nie auf reine Kraft bauen. Ansonsten sind deine Techniken gegen körperlich überlegene Gegner ja völlig wertlos. Und noch dazu vom Alter abhängig. Das sehe ich leider viel zu oft. In jungen Jahren quälen manche motivierte Kampfsportler ihren Körper zur Höchstleistung, um sich im fortgeschrittenen Alter irgendwelche Meistergürtel umzubinden, die vom mangelnden Können und vom ruinierten Körper ablenken sollen.

Doch wer als Kampfkünstler mit sechzig Jahren nicht besser ist als mit zwanzig Jahren, hat exakt vierzig Jahre falsch trainiert.

Besser heißt dabei allerdings nicht schneller und stärker, sondern bezieht sich auf die herausragende Fähigkeit zu ökonomischer Bewegung, Präzision und perfekter Koordination.

Die folgenden Prinzipien verschaffen dir Zugang zu einem völlig neuen Körperbewusstsein. Die erlebte Stärke wird dabei immer auch von Leichtigkeit und Mühelosigkeit geprägt sein. Du wirst dich fließend und voller Kraft und Anmut bewegen und überrascht sein, zu welchen Leistungen du fähig bist. Mit den dazugehörigen Übungen wirst du

- Körper und Geist verbinden,
- eine neue Dimension des Körperbewusstseins erfahren,
- deine Kraft und dein Durchsetzungsvermögen erhöhen,
- Verspannungen lösen und dich elegant bewegen,
- deine Ausdauer verbessern und einen längeren Atem haben,
- deine Schnelligkeit und Handlungsfähigkeit fördern,
- deine Geschicklichkeit steigern und dein Gleichgewicht finden,
- mit Mühelosigkeit auch die anstrengendsten Aufgaben meistern.

Erde dich

Die Füße sind unser unmittelbarer Kontakt zur Erde und spiegeln den Bezug zur Realität wider. Seelisches Ungleichgewicht geht daher oft mit einem Verlust der körperlichen Standfestigkeit einher.

> Ein großer Baum braucht starke Wurzeln.

Die Füße sind daher die Basis der Kraftentfaltung und geschmeidiger Bewegungsabläufe. Außerdem bilden sie die Grundlage für eine natürliche und aufrechte Haltung. Denn: Fehlbelastungen der Füße müssen vom gesamten Körper ausgeglichen werden und sind oft die Ursache von Rückenschmerzen, Verspannungen und zahlreichen Fehlhaltungen.

[Übung]

Verwurzeln

Stell dich hüftbreit hin und beuge bei geradem Rücken beide Knie. Die großen Zehen beider Füße weisen parallel nach vorne. Die Innenkanten deiner Füße stehen dabei parallel zueinander. Schließ nun die Augen und lenke deine Aufmerksamkeit auf die Fußsohlen. Fühle jeweils drei Punkte, auf denen deine Füße am Boden aufliegen: die Großzehenballen unterhalb der großen Zehen, die Kleinzehenballen unterhalb der kleinen Zehen und die Fersen. Beginne jetzt mit deinen Knien zu kreisen – zuerst nach innen, dann nach außen. Spüre die unterschiedliche Gewichtsverteilung auf den drei Punkten und lasse die Kreise immer kleiner werden. So lange, bis keine äußere Bewegung mehr stattfindet. Fühle, wie sich dein Körpergewicht gleichmäßig auf die drei Punkte verteilt. Deine Füße stehen jetzt stabil wie ein Dreibeinstativ am Boden.

Achte während des Tages immer wieder auf diese Stellung deiner Füße. Die Zehen zeigen exakt nach vorne, die Innenkanten der Füße stehen parallel zueinander, das Gewicht wird gleichmäßig auf drei Punkte des Fußes verteilt. Du wirst bemerken, dass in dieser Position deine beiden Kniescheiben genau in die Richtung deiner Zehen zeigen.

Das ist die perfekte Position und schützt deine Knie vor Verletzung. Denn das Knie ist nun einmal ein Scharniergelenk und so konzipiert, dass es ausschließlich in einer Ebene gebeugt und gestreckt wird. Eine Fehlbelastung fördert nicht nur Knieprobleme, sondern wird langfristig auch zu Hüft- und Rückenproblemen führen. Achte daher beim Gehen und in Bewegung auf die richtigen Beinachsen: Deine Kniescheiben sollten stets in die Richtung deiner Zehen zeigen und niemals auf die Seite ragen. Am leichtesten gelingt dir das bei gleichmäßiger Belastung der drei Punkte an deiner Fußsohle. Mit den nächsten beiden Übungen trainierst du die Muskulatur deiner Füße noch mehr.

[Übung]

Stabil und kraftvoll

Stell dich wieder aufrecht hin, dreh deine Zehen nach vorne, bis die Innenkanten beider Füße parallel zueinanderstehen, und verteile dein Gewicht wieder auf die drei Punkte deines rechten und linken Fußes. Setz jetzt bewusst und mit sanftem Druck die beiden großen Zehen am Boden auf, während du gleichzeitig die beiden Fersen an der Außenseite belastest. Diese Übung wird dein Fußgewölbe anheben und effektiv Senk- und Plattfüßen entgegenwirken.

[Übung]

Kraftvolle Wurzel

Diese Übung kräftigt die Muskulatur deiner Füße und verbessert deine Standfestigkeit. Stell dich aufrecht hin und aktiviere deinen Dreipunktstand. Versuche jetzt den Boden unter deinen Füßen zu „greifen" und dich nur durch ein Beugen deiner Zehen einige Zentimeter nach vorne zu ziehen. Beginne mit einigen wenigen Bewegungen und steigere dich langsam auf eine Strecke von 2 bis 3 Metern.

Bewahre Haltung

Der Geist lenkt den Körper. Deine Haltung reflektiert körperliche und geistige Stärke, innere Gelassenheit, Selbstbewusstsein und Entschlossenheit. Beobachte doch einmal deine Haltung, wenn du dich energiegeladen und sicher fühlst: Wahrscheinlich stehst du gerade und entspannt da, den Kopf erhoben, und wirkst auch äußerlich kraftvoll und vital. Und dann achte einmal darauf, wie du dastehst, wenn du dich müde und schwach fühlst: Die Arme hängen schlaff herab, du lässt den Kopf hängen und siehst im buchstäblichen Sinn „bedrückt" aus. Wenn du unter psychischem Druck stehst, verspannen sich einzelne Muskelgruppen. Deine Haltung wirkt hölzern und angespannt und lässt mangelnde Gelassenheit und Stabilität leicht erkennen.

Der Körper lenkt den Geist. So wie dein innerer Gemütszustand ganz offensichtlich deine äußere Haltung beeinflusst, kannst du umgekehrt deine innere Haltung durch das Einnehmen einer aufrechten und selbstbewussten Haltung positiv beeinflussen. Die Körperhaltung eines Kriegers entspricht aber keineswegs den eigentümlichen Vorbildern unserer Leistungsgesellschaft: Ein ständig starr aufgerichteter Körper mit hochgezogenen Schultern, eingezogenem Bauch und aufgeblähter Brust zeugt eher von fehlendem Einfühlungsvermögen, Unsicherheit, emotionaler Verarmung und mangelnder innerer Stärke. Die innere Steifheit spiegelt sich dann in chronischen Rückenbeschwerden, verspannter Muskulatur und stockendem Energiefluss wider.

Krieger übernehmen immer die volle Verantwortung und müssen sie daher erst gar nicht mühsam auf ihren Schultern tragen.

Die Haltung des Kriegers ist aufrecht und gleichzeitig entspannt. Seine selbstbewusste Haltung benötigt ein Minimum an Muskelkraft. Der erhobene Kopf ruht entspannt auf einem aufrechten Rückgrat. Die lockere Muskulatur unterstützt elegante und kraftvolle Bewegung, Stabilität und ungehinderten Energiefluss – Vorteile, die allesamt keine Frage des Alters sind.

Heutzutage gibt es eine Vielzahl von Übungen und Prinzipien für eine aufrechte Haltung. Mit unzähligen Anweisungen wie „Steh gerade!", „Zieh deinen Bauch ein und spanne deinen Rücken an" wird krampfhaft versucht gegen die Schwerkraft anzukämpfen. Dabei geht es viel einfacher.

Die Schwerkraft ist die Wurzel aller Anmut.

Eines der wichtigsten Prinzipien der Kampfkunst Shinergy lautet, die gegnerische Kraft zu nützen. Und wenn wir aufrecht stehen wollen, ist die einzige Kraft, die uns daran hindern kann, die Schwerkraft. Wir können dagegen ankämpfen. Und werden den Kampf irgendwann – spätestens im fortgeschrittenen Alter – mit gekrümmtem Rücken und vorgebeugten Schultern verlieren. Oder aber wir nützen die Schwerkraft. Lassen uns von ihr bis ins hohe Alter aufrichten und tragen. Die folgenden Übungen gebrauchen perfekt die Schwerkraft und ermöglichen jederzeit eine aufrechte und entspannte Haltung.

Das ist durchaus auch mit den Prinzipien der Physik erklärbar. Denn der Schädel ist nun einmal so aufgebaut, dass der Schwerpunkt weit vor dem Drehpunkt an der Halswirbelsäule liegt. Das heißt, wenn du die Muskulatur des Nackens entspannst, wird dein Kopf, der Schwerkraft folgend, immer nach vorne kippen. Das Strecken des Nackens und Aufrichten der Halswirbelsäule ist demnach keine Bewegung, die du mit Hilfe deiner Muskelkraft initiieren musst. Entspann dich lieber und lass die Schwerkraft wirken. Und spüre, wie dadurch dein Kopf nach vorne rotiert und sich dein Nacken streckt. Mit dem Becken verhält es sich genauso. Das Becken dreht sich um das Hüftgelenk. Der Schwerpunkt deines Beckens liegt dabei aber viel weiter vorne. Wenn du dein Becken also aufrichten willst, musst du eigentlich nur die Schwerkraft nützen und du wirst sofort aufrecht und mit entspanntem und geradem Rücken dastehen. Probier es gleich aus:

[Übung]

Haltung der Kraft

Stell dich mit schulterbreit aufgestellten Füßen aufrecht hin. Konzentriere dich zuerst auf deine Füße und führe die Übung „Verwurzeln" aus.

WACHSE IN DEN HIMMEL! Stell dir jetzt vor, dass dich ein unsichtbarer Faden am höchsten Punkt des Kopfes sanft nach oben zieht. Vermeide ein Anspannen der Muskulatur. Lass besser die Schwerkraft wirken und spüre, wie dein Kinn leicht nach unten sinkt, sich dein Nacken entspannt verlängert und dein Kopf nach vorne rotiert. Der Nacken ist lange und entspannt. Du wirst dich dabei größer fühlen und sofort aufrecht dastehen.

SETZ DICH IN DIE WOLKEN! Stell dir dein Becken als oben offene Schale vor, die sich durch leichtes Kippen nach hinten geradestellt. Vermeide dabei aber das Anspannen der Pomuskulatur. Am besten denkst du dabei an ein Gewicht, das dein Steißbein sanft nach unten zieht. Der untere Rücken fühlt sich lange und entspannt an.

Sprenge die Ketten

Beim Shinergy-Training wird besonders auf die entspannte und geschmeidige Ausführung der Techniken geachtet. Anfänger behindern sich allerdings oft selbst, indem sie Muskelgruppen anspannen, die für die jeweilige Bewegung gar nicht nötig sind – ja sie im schlimmsten Fall sogar behindern. So wird unnötig Kraft verbraucht, die Technik ist schwach und wirkt hölzern.

Auch bei alltäglichen Bewegungen verbrauchen übermäßige Verspannungen unnötig Energie und behindern die Entfaltung unseres vollen Potenzials. Ähnlich einem Autofahrer, der immer fester auf das Gaspedal tritt und dabei übersieht, dass die Handbremse angezogen ist, behindern wir uns ständig, indem wir Muskelgruppen verspannen, die wir für die jeweilige Bewegung gar nicht brauchen.

Die folgende Übung wird deinen Körper sofort von unnötigen Verspannungen befreien.

[Übung]

In die Entspannung schmelzen

Stell dich aufrecht hin. Aktiviere zuerst deinen Dreipunktstand wie in der Übung „Verwurzeln". Dann richtest du deine Wirbelsäule auf, wie wir das in der Übung „Haltung der Kraft" trainiert haben. Schließ die Augen und achte auf eine ruhige und gleichmäßige Atmung. Jetzt lenkst du deine Aufmerksamkeit auf einzelne Muskelgruppen und versuchst sie bewusst zu entspannen. Halte nur die Spannung aufrecht, die du tatsächlich benötigst. Am besten stellst du dir vor, dass die Muskeln weich werden, schmelzen und durch die Schwerkraft sanft zum Boden absinken.

Beginne zuerst mit der Muskulatur deines Nackens und der Schultern – weich und entspannt. Arbeite dich dann über die Arme, den Rumpf, die Hüften und die Beine durch deinen Körper. Stell dir dabei vor, wie sich Verspannungen lösen und die Muskulatur sanft zum Boden absinkt. Achte auf eine gleichmäßige Atmung und genieße diese entspannte Haltung für einige Minuten.

Mit dieser Übung gelingt es dir, deinen Körper schnell von Verspannungen zu befreien und eine aufrechte, entspannte und selbstbewusste Haltung einzunehmen. Du kannst dieses Prinzip auch gleich bei alltäglichen Bewegungen anwenden. Wenn du beispielsweise das nächste Mal einen Ordner aus dem Regal nimmst, konzentriere dich dabei auf eine möglichst entspannte Bewegung. Stell dir vor, wie die Muskulatur deiner Schultern und Arme während der Bewegung schmilzt und sanft nach unten sinkt.

Dein Körper ist leicht und frei!

Greif nach vor und sinke nach unten. Greif nach oben und sinke nach unten. Diese Übung wird dir Leichtigkeit und Mühelosigkeit verschaffen. Sie wird in ähnlicher Form auch in vielen Tai-Chi- und Qigong-Kursen unterrichtet. Leider führt sie dort bei den Teilnehmern meist eher zu einer Schwere – die Übenden scheinen vor Schwerfälligkeit förmlich am Boden zu kleben. Keine Spur von Leichtigkeit.

Der Grund: Sie üben zwar alle Muskeln bewusst zu entspannen und „abzusinken". Die eigentliche Ursache für innere Widerstände und Verspannungen bleibt dabei aber völlig unberücksichtigt. Und die liegt unter deinen Füßen. So sehr wir uns auch um Entspannung und Leichtigkeit bemühen: Um uns wirklich frei und mühelos zu bewegen, müssen wir den Druck dort auflösen, wo er in Wirklichkeit entsteht: unter unseren Fußsohlen.

Wir kämpfen den ganzen Tag verbissen gegen die Schwerkraft an und stemmen uns mit Kraft und Anspannung gegen den Boden. Dieser Widerstand ist die eigentliche Ursache für muskuläre Verspannungen, die sich dann im ganzen Körper ausbreiten. Lösen wir unseren Widerstand auf und lassen uns vom Boden tragen, sind wir mit einem Schlag frei. Frei von Verspannungen und Blockaden. Was bleibt ist die pure Entspannung und ungeahnte Leichtigkeit! Probier es selbst aus.

[Übung]

Federleicht

Stell dich aufrecht hin. Aktiviere zuerst wieder deinen Dreipunktstand wie in der Übung „Verwurzeln" und richte deine Wirbelsäule auf. Schließ die Augen und lenke jetzt deine Aufmerksamkeit auf einzelne Körperteile, um sie wie beim Üben des Absinkens bewusst zu entspannen. Arbeite dich auf diese Weise durch den gesamten Körper.

Lenke dann deine Aufmerksamkeit auf die Fußsohlen und spüre den Druck des Bodens. Beginne nun, dich nicht mehr gegen den Boden zu stemmen und den Druck unterhalb deiner Fußsohlen nach und nach aufzulösen. Stell dir vor, wie alle Widerstände und Verspannungen durch die Fußsohlen in den Boden abfließen und du dich vom Boden tragen lässt. Spüre ein Gefühl von Entspannung und Leichtigkeit, das deinen gesamten Körper erfüllt. Dein Körper ist leicht und entspannt.

Versuche auch im Alltag immer wieder unter deinen Füßen abzusinken. An der Bushaltestelle, im Büro oder vor wichtigen Terminen: Stemme dich nicht mehr gegen den Boden und lass dich von ihm tragen. Dein Körper ist leicht und frei.

Finde deine Mitte

Jedes Objekt ruht in seiner Mitte. Das Zentrum des menschlichen Körpers liegt im Unterbauch. Dieses Zentrum kann man sich als Punkt vorstellen, der etwa eine Handbreit unterhalb des Nabels liegt. Es entspricht dem physikalischen Schwerpunkt und ist das Zentrum von Gleichgewicht und Stabilität. Der Bauch gilt darüber hinaus auch als Zentrum der Intuition und ursprünglicher Weisheit.

Nach asiatischer Philosophie wohnt die Seele des Menschen im „Hara", dem „Meer der Energie" im Unterbauch. Daher wird Buddha auch immer mit dickem Bauch dargestellt. Doch auch in unserem Sprachgebrauch wird dieser Zusammenhang deutlich. Wenn wir etwas „aus dem Bauch heraus" entscheiden, handeln wir intuitiv richtig, ohne viel nachzudenken.

Die Verbindung zur Kraftquelle Hara geht in unserer kopflastigen Welt allerdings oft verloren. So werden Entscheidungen meist rein analytisch getroffen, was die umfassende Abwägung von Alternativen einschränkt. Doch erst wenn wir eine Sache sowohl intellektuell als auch intuitiv wahrnehmen, können wir jenes Gleichgewicht finden, das uns zu ganzheitlichen Lösungen befähigt.

Krieger vertrauen ihrem Bauchgefühl.

Die bewusste Wahrnehmung deiner Mitte wird dir im Alltag helfen, mehr Energie, Stabilität und Kraft für dein Auftreten zu entwickeln, und sorgt für ein harmonisches Gleichgewicht von Intellekt und Intuition. Du wirst dich ruhiger und ausgeglichener fühlen. Und die richtigen Entscheidungen treffen.

[Übung]

Die Kraft der Mitte

Mit dieser Übung aktivierst du das Zentrum deines Körpers und sorgst für geistiges und körperliches Gleichgewicht. Stell dich aufrecht hin und schließ deine Augen. Lenke jetzt deine Aufmerksamkeit auf den Unterbauch und stell dir einen münzgroßen Punkt unterhalb deines Nabels vor. Versuche nun, diesen Punkt in Gedanken immer kleiner werden zu lassen.

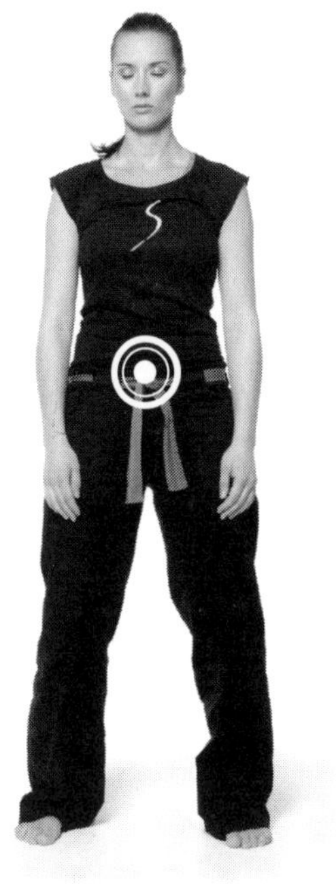

Wenn du dein Zentrum bewusst wahrnimmst und deine Muskulatur entspannst, hast du das Gefühl, dass dein gesamtes Gewicht im unteren Teil deines Körpers ruht. Du fühlst dich stabil, ruhig und kraftvoll. Dies ist die Wirkung von „Haragei" – der hohen Kunst körperlicher und geistiger Stabilität.

Haragei ist die Fähigkeit, das Körpergewicht so zu verteilen, dass größte Stabilität entsteht. Meister von Haragei können eine ungeheure Kraft entwickeln. Bei Demonstrationen ihrer Kunst gelingt es selbst mehreren kräftigen Männern nicht, sie auch nur einen Zentimeter von der Stelle zu bewegen.

Zum Teil ist dieses Phänomen mit Grundsätzen der Physik erklärbar: Wenn wir uns entspannen, ruht das Gewicht jedes Körperteiles auf seinem tiefsten Punkt. Der Schwerpunkt sinkt nach unten und erhöht unsere Standfestigkeit. Wir fühlen uns verwurzelt und kraftvoll. Wenn wir die Muskulatur anspannen, verlagert

sich der Schwerpunkt nach oben und verschlechtert unsere Stabilität und unser Gleichgewicht. Versuche doch einmal, jemanden hochzuheben, der seine Muskulatur vollständig entspannt hält. Auch Kinder, die nicht hochgehoben werden wollen und unbewusst Haragei anwenden, scheinen plötzlich zentnerschwer zu sein. Die Fähigkeit zur Zentrierung wird auch deinen Bewegungen Kraft und Anmut verleihen.

Kraftvoll und präsent

Diese Übung fördert eine kraftvolle Bewegung und physische Präsenz. Beim Gehen lenkst du deine Gedanken wieder auf den Punkt im Unterbauch. Stell dir vor, wie sich dieser Punkt in der Bewegung nach vorne bewegt. Arme und Beine folgen entspannt der Bewegung dieses Punktes.

Eine der besten Möglichkeiten, dich jederzeit bewusst zu zentrieren, ist das Stehen auf einem Bein. Denn wenn du die Standfläche auf diese Art verkleinerst, muss die Schwerkraft genau durch dein Körperzentrum wirken. Außerdem beruhigt es dich und bringt deinen Geist wieder in den Augenblick.

Inneres Gleichgewicht

Nimm die abgebildete Position ein: Auf dem linken Bein stehend bringst du deine linke Hand vor den Körper und legst die rechte Hand an die Hüfte. Mach die Übung nach einiger Zeit auch mit geschlossenen Augen. Lenke deine Aufmerksamkeit jetzt wieder auf den Unterbauch und stell dir einen münzgroßen Punkt unterhalb deines Nabels vor, den du in Gedanken immer kleiner werden lässt.

Bleib beweglich

Mit den Übungen „Haltung der Kraft" und „In die Entspannung schmelzen" kannst du deinen Körper jederzeit in eine selbstbewusste, aufrechte und gleichzeitig entspannte Position bringen – und befindest dich in vollkommener Balance.

Die solltest du auch in Bewegung beibehalten. Denn dein körperliches Gleichgewicht ist schließlich die Voraussetzung für innere Ruhe, Flexibilität und höchste Aufmerksamkeit. Wie willst du gelassen und gegenwärtig agieren, wenn du ständig damit beschäftigt bist, die Balance zu halten? Dazu musst du aber beweglich bleiben. Und jedes einzelne Gelenk deines Körpers in die Bewegung miteinbeziehen. Und das ist anfangs gar nicht so einfach.

Versuche doch einmal den folgenden Test: Stell dich aufrecht hin und bring deinen Körper in die vorgestellte „Haltung der Kraft". Dein Kopf rotiert leicht vor, dein Becken richtet sich durch den Zug der Schwerkraft auf. Dein Rücken ist lang und entspannt. Jetzt hebe beide Arme vor dir hoch. Die Arme bilden dabei einen Kreis in Brustbeinhöhe – fast so, als würdest du einen Baum umarmen.

Welche Bewegung hat dein Becken dabei ausgeführt? Welche Bewegung hast du in deinen Kniegelenken wahrgenommen? Keine? Genau das ist das große Problem. Und leider üblich. Denn unsere gesamte Bewegungskultur ist immer noch von eigentümlichen Vorbildern und starren Normen geprägt, die den menschlichen Körper in ein Korsett kleingeistiger Starrheit zwängen und ihm Kontrollzwang auferlegen. Mit verspannter Muskulatur, starr aufgerichtetem Körper und durchgedrückten Knien wird die Bewegung zum Ausdruck fragwürdiger Ideale aus Turnvater Jahns Tagen. Und zum Spiegel kirchlicher Körperfeindlichkeit. Bewegungen des Beckens sind dabei natürlich verpönt, sind sie doch viel zu anrüchig und könnten am Ende noch die Moral gefährden. Zudem wurde Bewegung in der Vergangenheit viel zu oft als Erziehungsmaßnahme für unreflektiertes Gruppenbewusstsein und Gehorsam missbraucht. Heute herrscht noch an manchen asiatischen Schulen und in vielen Kampfsportvereinen militärischer Drill.

Und so quälen wir uns, verzweifelt um den Erhalt unseres Gleichgewichts ringend, verspannt und angestrengt durch den Alltag. Dabei weiß doch jedes Kind: Wenn man einen Turm aus Bauklötzen baut und auch nur einen Stein außerhalb der lotrechten Linie aufsetzt, muss man dies mit dem nächsten Stein wieder ausgleichen. Sonst fällt der Turm in sich zusammen.

Mit deinem Körper ist es im Prinzip genauso einfach. In dem Moment, in dem du einen Körperteil bewegst, muss sich dein restlicher Körper neu organisieren, um entspannt im Gleichgewicht zu bleiben. Ansonsten musst du mit verspannter Muskulatur dagegenhalten und blockierst deine Bewegungsfreiheit.

Krieger und wirklich herausragende Sportler aus allen Disziplinen zeichnen sich aber vor allem durch eines aus: durch Leichtigkeit. Scheinbar schwerelos schweben sie an ihren Gegnern vorbei und meistern die schwierigsten Manöver in vollendeter Perfektion.

Beweglichkeit und Lockerheit steigern deine Kraft, Ausdauer und Schnelligkeit, weil mehr Gelenke und deren zugeordnete Muskeln in die Bewegung integriert werden. Außerdem bewahren sie deine Gesundheit. Das Blockieren einzelner Gelenke versteift sie, während andere durch Überlastung in Mitleidenschaft gezogen werden.

Krieger bewegen sich schwerelos.

Der Mensch ist so gesund wie seine Gelenke. Werden wir ungelenkig, wird jede Bewegung zur Anstrengung und Qual. Die Pflege deiner Gelenke sollte daher eine tägliche Selbstverständlichkeit werden. Dabei genügt es, die Gelenke täglich ein wenig zu aktivieren. Dadurch wird die umliegende Muskulatur sanft gedehnt und der Gelenkstoffwechsel aktiviert – das Gelenk wird genährt und „geschmiert". Am besten machst du die folgenden Übungen gleich nach dem Aufstehen. Dann bewegst du dich mit Leichtigkeit und Beweglichkeit durch den Tag.

[Übung]

Gelenkspiel

Bewege jedes Gelenk im vollen Bewegungsumfang. Achte auf eine kontrollierte und langsame Ausführung. Die einzelnen Gelenke werden dabei für jedes Lebensjahr einmal bewegt. Jemand mit 36 Jahren „rollt" seine Gelenke 36 Mal. Wenn du älter bist, haben deine Gelenke auch schon einiges erlebt.

- **KOPF**: Beginne mit Kopfkreisen. Vermeide dabei eine weite Kippbewegung nach hinten. Stell dir lieber vor, dass du mit deiner Nasenspitze einen etwa handtellergroßen Kreis in die Luft malst. Wechsle immer wieder die Richtung.

- **SCHULTERN**: Kreise mit gestreckten Armen in beiden Schultergelenken vorwärts und rückwärts.

- **WIRBELSÄULE**: Beim Einatmen streckst du die Brust heraus und gehst leicht ins Hohlkreuz. Beim Ausatmen ziehst du Schultern und Becken nach vorne.
- **HÜFTE**: Hebe ein Bein abgewinkelt vom Boden ab. Kreise aus der Hüfte heraus nach außen oder innen.

Kopf

Schultern

Wirbelsäule

- **KNIE UND ELLBOGEN:** Winkle gleichzeitig einen Ellbogen und das gegenüberliegende Knie ab, der andere Ellbogen und das andere Knie sind gerade. Übe beide Seiten.

- **HAND- UND FUSSGELENK:** Kreise gleichzeitig mit einem Handgelenk und dem gegenüberliegenden Fuß. Dann wechsle die Seite.

Hüfte Knie und Ellbogen Hand- und Fußgelenk

Die folgenden Übungen werden all deine Gelenke in die Bewegung integrieren und dir eine neue Dimension der Bewegungsfreiheit eröffnen. Wir nennen dies das „Shinergy-Prinzip der gelenkbefreiten Bewegung". Eine Bewegung voller Leichtigkeit, Ökonomie und Effektivität.

[Übung]

Zahnrad

Stell dich in aufrechter Position hin und nimm die „Haltung der Kraft" ein. Versuche dann deine Muskulatur zu entspannen, indem du deinen kompletten Körper mit dem Üben des Absinkens durcharbeitest. Zum Abschluss der Entspannung sinkst du wieder unterhalb deiner Füße ab. Stemm dich nicht mehr gegen

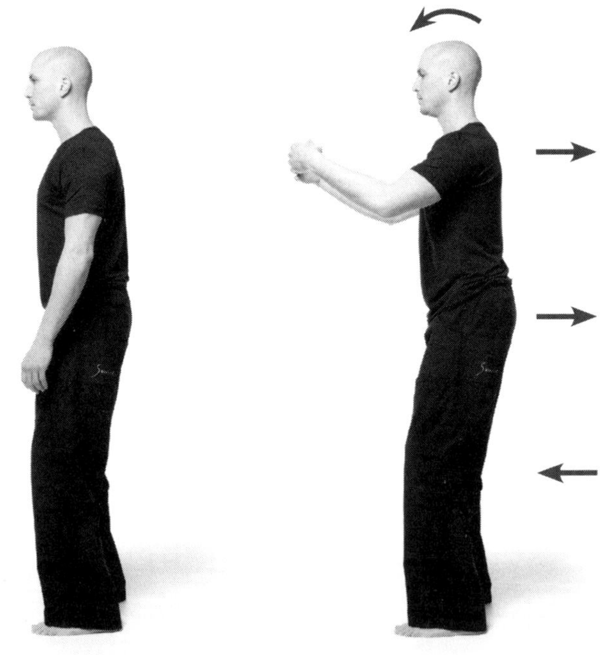

den Boden, sondern löse die Widerstände und lass dich vom Boden tragen.

Jetzt, immer noch ohne dich gegen den Boden zu stemmen, hebst du wieder deine Arme bis auf Brustbeinhöhe vor deinem Körper an. Diesmal achtest du dabei aber auf die gleichzeitige Bewegung all deiner Gelenke. Du musst dazu eigentlich gar nichts beitragen. Nütze die Schwerkraft. Lass einfach los, entspann dich und spüre die Bewegung in jedem Gelenk deines Körpers, während du die Arme anhebst.

Wenn du wirklich entspannt bleibst, wird die Schwerkraft wirken und wie von selbst jedes Gelenk neu positionieren. Dein Becken wird dabei leicht nach hinten wandern, während sich deine Knie nach vorne beugen. Die einzelnen Gelenke bewegen sich dabei harmonisch um dein Körperzentrum wie um die Nabe eines Rades. Du kannst dir bei diesem Vorgang Zahnräder vorstellen, die harmonisch ineinandergreifen, dich neu im Schwerefeld ausrichten und dadurch dein uneingeschränktes Gleichgewicht ohne jegliche Verspannung gewährleisten. Du wirst jetzt eine ungewohnte Leichtigkeit verspüren und in vollkommener Balance dastehen.

Die abschließende Übung überträgt dieses Prinzip auf alle möglichen Bewegungen. Nach einiger Übung wirst du schon bald eine Verbesserung deiner Beweglichkeit im Alltag feststellen. Du wirst dich anmutig und kraftvoll bewegen. Und immer im Gleichgewicht sein.

Diese Übung basiert auf einer neuen Bewegungsqualität, die sich am Zustand der Schwerelosigkeit orientiert. Wenn du im schwerelosen Raum schweben würdest, und keinen äußeren Bezugspunkt hättest, könntest du dich nur auf eine Art bewegen: Jede deiner Bewegungen müsste sofort durch gegengleiche Rotationen in umliegenden Gelenken ausgeglichen werden. Wolltest du eine Schulter zum Beispiel nach rechts drehen, würde sich dein Becken gleichzeitig nach links verschrauben. Ansonsten könntest du die Bewegung gar nicht ausführen. Dabei gleichen sich die Teilimpulse in den einzelnen Körperteilen perfekt aus.

Dieses Gedankenexperiment der Schwerelosigkeit hat mich auch auf die Idee zu den vorgestellten Prinzipien gebracht. Denn wenn ich mich schwerelos bewegen möchte, muss meine Bewegung auch den Prinzipien der Schwerelosigkeit folgen. Beim Shinergy-Training vermittle ich den Teilnehmern dieses Prinzip gerne anhand einer Aufgabe. Die Trainierenden sollen hochspringen und am höchsten Punkt der Sprungbewegung eine bestimmte Kampftechnik ausführen.

Um die Aufgabe zu lösen, müssen sich die Übenden koordiniert bewegen – müssen die einzelnen Gelenke gegeneinanderverschrauben und ausbalancieren. Ansonsten misslingt die Übung. Denn am höchsten Punkt des Sprunges befinden sie sich in einem Zustand der Schwerelosigkeit.

[Übung]

Schwerelos

Wenn du wissen willst, wie du eine bestimmte Bewegung mit mehr Leichtigkeit, Ökonomie und Effektivität ausführen kannst, solltest du sie folgendem Test unterziehen. Stell dich mit hüftbreit aufgestellten Füßen hin. Hüpf hoch und führe am höchsten Punkt dieses Sprunges die jeweilige Bewegung aus. Bemüh dich um eine möglichst entspannte Ausführung und versuche wieder exakt in der Ausgangsstellung zu landen. Das Landen in der

ursprünglichen Position wird dir nur dann gelingen, wenn du die einzelnen Gelenke deines Körpers richtig bewegst. Lass die Bewegungen zu und spüre, wie sich deine Gelenke um dein Körperzentrum bewegen. Beachte vor allem die spiralförmige Verschraubung deiner Wirbelsäule. Die kannst du am besten an den diagonalen Linien auf deinem T-Shirt erkennen. Du kannst dadurch leicht die perfekte Ausführung jeder denkbaren Bewegung finden. Und diese gleich im Alltag oder beim Sport ausprobieren.

Atme dich frei

Atmen ist Leben. Wir nehmen beim Einatmen frische Energie auf. Beim Ausatmen reinigen wir uns und geben alte Energie ab. Über die Atmung können innere Kraft und geistige Energie gesteigert werden. Krieger aller Kulturen schenkten daher bestimmten Atemtechniken immer schon besondere Aufmerksamkeit.

Atem ist Leben.

Dein Atem verbindet Körper und Geist und ist Spiegel deiner seelischen Befindlichkeit. Dein Atem ist aber zugleich auch die Verbindung zu deinem Unterbewusstsein. Du kannst ihn leicht willentlich beeinflussen und gleichzeitig darauf vertrauen, dass du auch weiteratmest, wenn du deine Aufmerksamkeit auf ganz andere Dinge lenkst. Deine Atmung ist daher ein wichtiges Werkzeug zur inneren und äußeren Vervollkommnung.

In vielen Übungssystemen asiatischer Herkunft werden komplizierte Atemtechniken unterrichtet, mit denen man nach jahrelanger Übung in anstrengenden Körperstellungen den Atem kontrollieren und den natürlichen Atemfluss unterbrechen kann. Meist sind die Übungen von okkulten Theorien und Hirngespinsten begleitet.

Im Gegensatz dazu basieren die Shinergy-Übungen auf leicht nachvollziehbaren Prinzipien und bauen immer auf den uneingeschränkten Fluss einer natürlichen Atmung. Shinergy versucht den Atem weder zu verändern, noch ihn in irgendeiner Form zu beherrschen. Denn alle Kraft ist längst in uns. Und nur mit der ursprünglichen und natürlichen Atmung können wir innerste Kraft erlangen, unseren Geist beruhigen und gelassen Stress- und Angstsituationen überstehen.

Grundsätzlich lassen sich die Phase des Einatmens und die Phase des Ausatmens voneinander unterscheiden. Aus der Art und Weise, wie sich beim Einzelnen diese beiden Phasen zueinander verhalten, lassen sich nun einige Rückschlüsse auf seinen seelischen Zustand ziehen. Dabei weist die Art des Ausatmens auf die Fähigkeit zu geben, loszulassen, sich zu entspannen hin. Die Art des Einatmens weist auf die Fähigkeit zu nehmen, etwas anzunehmen, sich auf andere einzulassen und auf Dinge einzugehen hin. Der Ausgleich dieser beiden Extreme entspricht der ruhigen, tiefen und gleichmäßigen Atmung im Tiefschlaf.

Ein Ungleichgewicht der Atemphasen kann daher auch als Ausdruck elementarer innerer Konflikte betrachtet werden. Menschen, die länger ein- als ausatmen, haben demnach die Schwierigkeit, dass sie alles festhalten wollen. Sie haben Probleme, wenn sie etwas von sich geben sollen. Sie sind ständig angespannt und neigen daher zu Verspannungen und steifer Haltung. Auch geistig sind sie eher unflexibel und tendieren dazu, sich selbst mehr Aufmerksamkeit zu schenken als ihrer Umwelt.

Menschen, die länger aus- als einatmen, kämpfen dagegen an, etwas auf- oder anzunehmen. Sie glauben, sich durch die Abgrenzung von allem, was von außen kommt, die Auseinandersetzung mit Problemen und Hürden des Lebens zu ersparen. Diese Menschen wirken meist schlapp und kraftlos. Die Haltung ist gekrümmt und ausdruckslos. Auch im übertragenen Sinne fällt es schwer, Haltung anzunehmen und Stellung zu beziehen. Auch Emotionen und psychische Belastungen beeinflussen unseren Atemrhythmus unterschiedlich:

- Unter Stress etwa wird die Atmung schnell und flach.
- Sind wir zornig, neigen wir dazu, mehr aus- als einzuatmen – so als wollten wir mit der Atemluft alles von uns wegstoßen.
- Bei Traurigkeit hingegen tendieren wir dazu, mehr ein- als auszuatmen – als wollten wir mit dem Atem Zuneigung und Mitgefühl aufnehmen.

Du solltest daher immer auf einen gleichmäßigen Atemrhythmus achten. Voraussetzung dafür ist die wechselnde Atmung durch Mund und Nase. Probiere es aus. Wenn du durch deine Nase einatmest, wirst du die Atmung weitaus besser dosieren können und keine Veränderung deiner Muskelspannung bemerken. Das Ausatmen durch den Mund wird dir ein angenehmes Gefühl vermitteln und dich entspannen. Beim Ausatmen durch die Nase hast du eher das Gefühl, dass du auf diese Art viel zu langsam und nicht vollständig ausatmen kannst. Atme daher immer durch die Nase ein und durch den Mund aus. Am besten gleichmäßig.

[Übung]

Gleichklang

Setz dich aufrecht hin und schließ die Augen. Atme dann so lange durch die Nase ein, wie du in Gedanken bis 1 zählst. Atme anschließend gleich lang durch den Mund aus und zähle ebenfalls bis 1. Beim nächsten Atemzug erhöhst du die Dauer und zählst beim Ein- und Ausatmen bis 2. Steigere die Dauer dann bei jedem Atemzug, solange du ohne übermäßige Anstrengung einen entspannten Atemfluss beibehalten kannst.

Mit dieser Übung wirst du schon bald eine gleichmäßige und tiefe Atmung erreichen. Vorausgesetzt du bleibst dabei entspannt. Meist ist unsere Atmung allerdings zu flach, um genügend Energie für die verschiedenen Belastungen des Alltags aufzunehmen. Als Folge psychischer Belastungen, Verspannungen und Fehlhaltungen des Bewegungsapparates haben wir unsere natürliche Atmung – die Bauchatmung – oft verlernt. Während wir als Kinder unser volles Atempotenzial ausgeschöpft haben, atmen wir als Erwachsene meist nur sehr kurz und oberflächlich in den Brustbereich. Das Zwerchfell, ein Muskelband, das den Brustkorb vom Bauchraum trennt und sich beim Einatmen nach unten wölbt, bleibt dabei inaktiv. Wenn du lernst, dein Atempotenzial auszuschöpfen, bist du für Stresssituationen besser gewappnet.

[Übung]

Natürliche Bauchatmung

Am besten erlernst du die natürliche Bauchatmung über das Ausatmen. In Rückenlage legst du dazu beide Handflächen auf den Bauch. Beim Ausatmen ziehst du den Bauch sanft ein, so als würde sich ein mit Luft „getränkter" Schwamm in deinem Bauch zusammenziehen. Beim Einatmen entspannst du und lässt die Luft tief in den Unterbauch einströmen. So als würde sich der Schwamm wieder mit Luft vollsaugen. Dein Bauch wird sich dabei spürbar nach vorne wölben. Wenn du willst, kannst du dir dazu auch ein Buch auf deinen Bauch legen. Versuche dann das Buch mit deiner Atmung langsam auf und ab zu bewegen.

Übe diese Atemtechnik regelmäßig vor dem Einschlafen. Dann wirst du sie schon bald den ganzen Tag über beibehalten können. Und mit jedem Atemzug frische Energie tanken. Bleib dabei aber immer möglichst entspannt. Jedes Forcieren und willentliche Beeinflussen deiner natürlichen Atmung wird deren natürlichen Fluss unterbrechen und deinen Körper unnötig verspannen.

Stell dir deinen Atemfluss wie die Bewegung eines Pendels vor. Das Pendel schwingt zu einer Seite, scheint am Endpunkt kurzzeitig stillzustehen, um dann ganz von selbst in die andere Richtung zu schwingen. Jeder Eingriff in diese harmonische Bewegung, bevor das Pendel den Endpunkt erreicht hat, wird diese abrupt unterbrechen. Du solltest daher deinen Atemfluss niemals unterbrechen. Atme erst dann aus, wenn das Einatmen abgeschlossen ist. Und umgekehrt.

[Übung]

Das Pendel

Leg oder setz dich entspannt hin und schließ deine Augen. Entspanne deine Muskulatur und lenke deine Aufmerksamkeit wieder auf die Atmung. Sobald du spürst, dass die Einatmung ihren Endpunkt erreicht hat, versuchst du noch ein klein wenig mehr einzuatmen und lässt den Atem dann ganz entspannt in die Ausatmung übergehen.

Am Ende der Ausatmung atmest du noch ein wenig mehr aus, lässt los und fühlst, wie sich dein Atem ganz von selbst in eine entspannte Einatmung umkehrt. Du kannst dir die Übung wie das Spannen einer Feder vorstellen. Am Ende der Ein- und Ausatmung spannst du die Feder ganz leicht nach und nützt ihre Elastizität für die folgende Atemphase.

Durch diese Übung bekommst du bald ein gutes Gefühl für den Umkehrpunkt deiner Atmung. Und wirst diesen schon bald ohne jegliche Anspannung zulassen. Dies in einer ruhenden und entspannten Position zu schaffen, ist aber nur der Anfang. Um deinen Atem strömen zu lassen, musst du den natürlichen Fluss auch in Bewegung beibehalten können. Meist unterbricht jede Bewegung die Atmung. Auch bei alltäglichen Tätigkeiten halten wir unbewusst oft den Atem an und beginnen mit der Bewegung, bevor wir das Atmen fortsetzen.

Im Training starten Anfänger die Techniken oft bei angehaltenem Atem. Dadurch verspannt sich ihre Muskulatur und der harmonische Fluss der Bewegung wird gestört. Das verhindert die volle Kraftentfaltung und ermöglicht dem Gegenüber leicht unsere Bewegungsabsicht zu erkennen. Die folgende Übung wird deine Bewegungen mit deiner Atmung verbinden.

[Übung]

Auf den Schwingen des Atems

Versuche im Alltag immer wieder innezuhalten und einzelne Bewegungen von deiner Atmung führen zu lassen. Du beginnst mit einer Ein- oder Ausatmung und führst die Bewegung mit einer kleinen Verzögerung aus. Stell dir vor, wie du erst durch den Atem in Bewegung versetzt wirst.

Diese Technik ist auch hervorragend dazu geeignet, um deinen Worten mehr Kraft zu verleihen. Denn auch beim Sprechen überholen wir den Atem zumeist mit unseren Worten.

[Übung]

Kraftvoll sprechen

Stell dich aufrecht hin und beginne mit deinem gestreckten Körper langsam nach vorne und nach hinten zu pendeln. Beim Vorpendeln atmest du aus, beim Zurückpendeln ein.

Nach einigen Wiederholungen beginnst du beim Vorpendeln einen beliebigen Satz zu sprechen. Starte das Sprechen aber erst, kurz nachdem die Ausatmung und das Vorpendeln begonnen haben.

Deine Stimme wird jetzt sofort tiefer und kraftvoller klingen.

Hast du erst einmal gelernt, dich vom natürlichen und harmonischen Fluss deiner Atmung tragen zu lassen, wirst du sofort eine Verbesserung deiner Bewegungen und eine markante Steigerung deiner Aufmerksamkeit spüren. Deine Bewegungen sind jetzt gleich viel geschmeidiger. Dein Geist ist wach und klar. Jetzt bist du bereit. Und kannst zur Meisterübung übergehen.

Wenn ich dir an dieser Stelle eine einzige Atemtechnik ans Herz lege, die dich sofort von allen unnötigen Verspannungen befreit und deine Aufmerksamkeit steigert, dann ist dies die einfache Aufforderung: ATME! Klingt trivial, nicht? Für mich ist dies aber die Essenz aller Atemtechniken, die es zu verinnerlichen gilt. Denn einzig der entspannte und gleichmäßige Atemfluss ermöglicht es dir, mit voller Aufmerksamkeit und Konzentration zu agieren und selbst in Stresssituationen voll handlungsfähig zu bleiben.

Krieger werden von den Schwingen des Atems getragen.

Denn Entspannung, ungeteilte Aufmerksamkeit und das Anhalten des Atems stehen im völligen Widerspruch zueinander. Wenn du deinen natürlichen Atemfluss unterbrichst und den Atem blockierst, wird sich automatisch deine Muskulatur verspannen und deine Aufmerksamkeit behindern.

Am deutlichsten tritt dies in Angstsituationen zu Tage. Wenn dich jemand erschreckt, hältst du sofort deinen Atem an, unterbrichst den Fluss und verspannst gleichzeitig deine Muskulatur. Und bist in diesem Moment völlig handlungsunfähig. Doch es müssen gar keine angsteinflößenden Situationen sein. Im Alltag unterbrechen wir unseren Atemfluss unzählige Male. Beobachte dich selbst: Das Telefon läutet und du hältst den Atem an. Du fährst im Auto, die Ampel schaltet auf Rot und du hältst den Atem an. Jemand spricht dich an und du hältst den Atem an. Selbst wenn du nur eine Tür öffnest, hältst du jedes Mal unbewusst deinen Atem an.

Das bewusste Beibehalten des natürlichen Atemflusses ist daher der Schlüssel zu Entspannung, ungeteilter Aufmerksamkeit und voller Handlungsfähigkeit. Das kannst du leicht üben.

[Übung]

Die Meisterübung: Es atmet!

Achte ab jetzt im Alltag und beim Sport immer wieder auf den ungehinderten Atemfluss: einatmen – Pause – ausatmen – Pause – einatmen. Lass deinen Atemfluss weder von deinen Bewegungen noch von deinen Gedanken und schon gar nicht von emotionalen Erregungen beeinflussen. Der Atem fließt – dein Geist ruht. Es atmet!

Beobachte dich in jeder möglichen Situation und bemüh dich um eine gleichmäßige und tiefe Atmung. Besonders in Stress- und Angstsituationen.

Dein Atem wird dich auf diese Art sicher durch dein Leben tragen. Du wirst in jeder Situation ruhig und gelassen sein und entspannt die richtigen Handlungen setzen. Außergewöhnliche Situationen erfordern aber auch außerordentliche Maßnahmen. Krieger können ihren Atem daher auch nützen, um Extremsituationen zu überstehen.

Die folgende Übung ist hervorragend dazu geeignet, in Zeiten eines stark erhöhten Energiebedarfs wie bei Stress, Krankheit, Müdigkeit oder Überbelastung den Körper mit zusätzlicher Energie zu versorgen. Außerdem wird sie effektiv deine Atemmuskulatur stärken.

[Übung]

Atem-Kraft

Setz dich entspannt auf einen Sessel. Die Hände ruhen locker auf den Knien.

Atme nun möglichst langsam und gleichmäßig durch den offenen Mund aus, wobei du dabei einen kleinen Laut, etwa wie ein geflüstertes „Haaahhh", erzeugst. Wenn du komplett ausgeatmet hast, beugst du den geraden Oberkörper leicht nach vorn, ziehst den Bauch ein und stößt dabei den Rest der Luft kraftvoll aus.

Nach einer kurzen Pause von 1 bis 2 Sekunden beginnst du, bei immer noch vorgeneigtem Oberkörper, durch die Nase einzuatmen. Wenn du das Gefühl hast, nicht mehr weiter einatmen zu können, richtest du dich auf und atmest noch ein wenig mehr ein.

Halte jetzt die Luft an, solange dir dies möglich ist. Danach atmest du wieder wie oben beschrieben aus und wiederholst den Zyklus für einige Minuten.

[1]

[2]

[3]

[4]

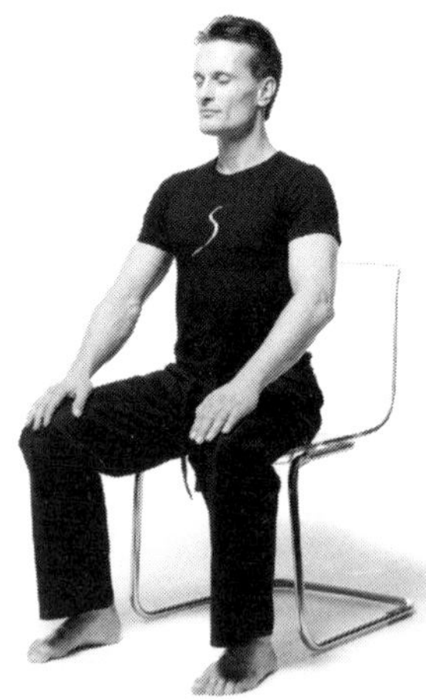

Mit Hilfe einer speziellen Atemtechnik gelingt es Kriegern im Notfall sogar Muskelschmerzen und Krämpfe zu erdulden und scheinbar übermenschliche körperliche Leistungen zu vollbringen. Du solltest diese Methode regelmäßig beim Sport oder bei körperlichen Arbeiten trainieren. Dann wird sie dir im Notfall helfen.

[Übung]

Kraft-Atem

Versuche eine fordernde sportliche Bewegung, eine Kraftübung oder eine anstrengende körperliche Arbeit bewusst langsam auszuführen. Bewege dich im Zeitlupentempo und spüre die Belastung in der jeweiligen Muskulatur. Halte deinen Atem aber in keinem Fall an. Beginne jetzt lieber schnell und „hechelnd" zu atmen und stell dir bildlich vor, wie du in den Muskelschmerz „hineinatmest". In Gedanken ergreifst du mit jedem Einatmen den Schmerz und katapultierst ihn mit dem Ausatmen regelrecht aus deinem Körper.

Du wirst erstaunt sein, wie lange du jetzt mit dieser Atemtechnik die körperliche Belastung durchhalten kannst.

Überwinde die Schwerkraft

Jetzt kennst du die Prinzipien der Aktivierung deiner innersten Kraft und müheloser Stärke. Und du hast alle bisherigen Übungen ausprobiert. Nun bist du bereit für die abschließende Meisterübung: Shinergy[force], das bewegte Stehen.

Klingt eigenartig, ich weiß. Wenn du an Kampfkunst, Kraft und Stärke denkst, hast du wahrscheinlich eher Bilder von spektakulären Tritten und actionreichen Kampftechniken als das bloße Herumstehen in der Gegend im Sinn. Und am liebsten würdest du diese auch gleich ausprobieren. Doch die wirklich wichtigen Dinge sind immer einfach. Und vollkommen unspektakulär.

Die Nichtbewegung ist die Mutter aller Bewegungen.

Halte deinen Eifer daher vorerst noch im Zaum und vertrau mir einfach. Die Nichtbewegung ist die Mutter aller Bewegungen. Meistere daher zuerst die Übung des „Stehens" und lerne deinen Körper zu beherrschen, um ihn perfekt im Schwerefeld zu positionieren. Und erschaffe dir dadurch die Grundlage für deine wahre Stärke. Die so erfahrenen Prinzipien wirst du später leicht bei alltäglichen Bewegungen, beim Sport und bei spektakulären Manövern anwenden können. Nicht umsonst wurde diese Übung lange geheim gehalten und sie wird seit Jahrtausenden von eingeweihten Kriegern genutzt, um Körper und Geist zu wappnen und innerste Kräfte zu aktivieren.

[Übung]

Die Meisterübung: Shinergy[force] – im bewegten Stehen zur innersten Kraft

Jetzt vereinen wir alle vorgestellten Prinzipien in einer einzigen Übung. Stell dich aufrecht mit hüftbreit aufgestellten Füßen und leicht gebeugten Knien hin. Die Zehen zeigen dabei gerade nach vorne und die Innenkanten der Füße stehen parallel zueinander. Schließ die Augen.

Richte deine Aufmerksamkeit zuerst auf die Fußsohlen und nimm dort den Druck des Bodens wahr. Verteile jetzt dein Gewicht gleichmäßig auf beide Füße und auf die drei Punkte, die den

Boden berühren. Belaste gleichmäßig die Ballen unterhalb deiner großen Zehen, die Ballen unterhalb deiner kleinen Zehen und die beiden Fersen. Nimm dir dafür genügend Zeit.

Dann beginnst du deine Wirbelsäule zu strecken und dich aufzurichten. Strecke dabei zuerst deinen Nacken. Stell dir vor, wie dich ein unsichtbarer Faden am höchsten Punkt deines Kopfes sanft nach oben zieht, dein Kopf rotiert leicht nach vorne und dein Nacken streckt sich entspannt. Dein Nacken ist lang und entspannt.

Dann beginnst du vom Ende deiner Wirbelsäule, vom Steißbein, aus, sanft nach unten zu sinken. Fast so, als würdest du dich gerade hinsetzen wollen, zieht dich dein Steißbein nach unten. Wie eine oben offene Schale, die sich waagrecht hinstellt, spürst du dabei, wie sich dein Becken sanft aufrichtet und dein unterer Rücken weitet. Dein Rücken ist weit und entspannt.

Jetzt hebst du in einer langsamen Bewegung beide Arme vor dir hoch. Die Arme bilden dabei einen Kreis. Die Fingerspitzen beider Hände zeigen in Brusthöhe zueinander, ohne sich zu berühren.

Achte bei dieser Bewegung aber auch auf die gleichzeitige Bewegung in all deinen Gelenken. Entspanne die Muskulatur rund um die Gelenke und spüre, wie sich jeder einzelne Körperteil während der Bewegung des Armhebens leicht mitbewegt. Dein Becken und deine Schultern werden dabei leicht nach hinten wandern und dein gesamter Körper wird sich im Schwerefeld neu positionieren. Forciere diese Bewegungen nicht. Lass sie einfach nur zu. Dann stehst du im perfekten Gleichgewicht. Und kannst jetzt mit dem Üben des Absinkens fortfahren. Nun lenkst du deine Aufmerksamkeit auf einzelne Muskelgruppen und ent-

spannst sie so weit wie möglich. Stell dir dabei vor, wie die Muskeln weich werden, schmelzen und durch die Schwerkraft sanft zum Boden absinken. Arbeite dich auf diese Weise durch Nacken, Schultern, Arme, Oberkörper, Hüften, Gesäß und Beine.

Zum Abschluss sinkst du noch unterhalb deiner Füße ab. Stemm dich nicht mehr gegen den Boden und lass dich von ihm tragen. Nimm bewusst den Druck unterhalb der Fußsohlen weg und spüre, wie dein Körper sofort von allen Widerständen und Spannungen befreit wird. Dein Körper ist leicht und frei. Jetzt konzentrierst du dich auf den ungehinderten Fluss der Atmung. Achte auf eine gleichmäßige Atmung und darauf, dass sich dabei dein

Bauch leicht mitbewegt. Beim Einatmen wölbt er sich ganz leicht nach vorne, um beim Ausatmen entspannt in die Ausgangsposition zurückzukehren. Genieße diese befreite Atmung und richte deine Aufmerksamkeit dann auf einen Punkt unterhalb deines Nabels. Stell dir dort einen etwa münzgroßen Punkt vor, den du in Gedanken immer kleiner werden lässt.

Jetzt stehst du in der „Haltung der Kraft". Entspannt, zentriert und im perfekten Gleichgewicht.

Wenn du möchtest, kannst du zwischendurch einzelne Körperteile immer wieder ganz leicht bewegen. Welchen Körperteil du dabei auch bewegst, stets wird sich dein gesamter Körper mit jedem einzelnen Gelenk mitbewegen. Du behältst dabei ständig die Kontrolle und die Balance. Und stehst voller Leichtigkeit und Mühelosigkeit. Erfüllt von Kraft und Stärke. Übe anfangs immer mit Hilfe dieser Anleitung. Bald schon wirst du die Technik verinnerlicht haben.

Zur Wiederholung die einzelnen Übungsschritte nochmals in Kurzform:

- Verwurzeln: Dreipunktstand
- Haltung: Kopfkrone hoch und das Becken aufrichten
- Gelenke öffnen, Arme heben und jedes Gelenk dabei mitbewegen
- Absinken und die Muskulatur entspannen
- Ruhig und tief atmen und den Bauch mit einbeziehen
- Zentrieren und auf einen Punkt unterhalb des Nabels konzentrieren

Je öfter du die Übung ausführst, desto schneller wirst du zur perfekten Haltung finden. Lass dich nicht entmutigen. Anfangs wird dir die Position sicherlich ungewohnt und anstrengend vorkommen. Dein Körper hat sich im Laufe der Jahre notgedrungen mit zahlreichen Fehlhaltungen und unnötigen Verspannungen arrangiert. Gib ihm Zeit, um sich an diese neue Ausrichtung zu gewöhnen, und genieße die befreiende Wirkung. Die empfundene Anstrengung eröffnet dir aber gleichzeitig die beste Möglichkeit zur Korrektur deiner Position. Denn Ziel der Übung sind die Leichtigkeit, die Mühelosigkeit und die Fähigkeit, mit geringster Anstrengung in dieser Position zu verharren.

Krieger finden im Stehen zu wahrer Stärke.

Deshalb muss diese Position bei unseren Gürtelprüfungen, der sogenannten Shinergy[challenge], für längere Zeit beibehalten werden. Fortgeschrittene stehen dabei neunzig Minuten und sogar länger. So trainiert jemand auch ist, dazu reicht die reine Muskelkraft längst nicht aus. Nur wer richtig steht und die Prinzipien kennt kann die Prüfung bestehen. Probiere daher immer wieder aus, längere Zeit so „zu stehen". Und mach es dir leicht!

Als regelmäßige Übung reicht es aber völlig aus, den Körper für einige Minuten in diese Position zu bringen. Du kannst dazu ruhig auch das Warten auf den Bus nützen. Übe täglich. Dann wird es dir immer schneller gelingen. Und du kannst die Prinzipien schon bald auf deine Bewegungen übertragen.

Was immer du auch tust, achte ab jetzt bei jeder deiner Bewegungen stets auch auf die Einhaltung der Prinzipien von Shinergy[force]. Ob du deine Einkäufe erledigst, eine neue Fitnessübung ausprobierst oder einfach nur einen Ordner aus dem Regal holst, achte auf den Dreipunktstand, deine Haltung, Entspannung, Zentrierung und Atmung und bleib in Balance. Das klingt anfangs ein wenig kompliziert. Wie sollst du auch ständig an das alles gleichzeitig denken. Das musst du auch gar nicht. Natürlich solltest du dich immer wieder aufmerksam beobachten und einzelnen Prinzipien besondere Beachtung schenken. Letztendlich dienen sie aber alle einzig und alleine dem Zweck, deiner Bewegung mehr Leichtigkeit zu verleihen.

Mach es dir leicht!

Das macht die Sache im wahrsten Sinne des Wortes leichter. Denn die einzige Frage, die du dir ab jetzt während jeder Bewegung stellen solltest, ist: „Wie geht's noch leichter?" Halte auch bei alltäglichen Bewegungen und Routinehandlungen immer wieder inne und frage dich: „Wie kann ich diese Tätigkeit noch müheloser ausführen?" „Wie geht's noch leichter?" Leichter ist immer richtiger. Dann wirst du auch im Sport und im Alltag eine bisher ungeahnte Leichtigkeit, Kraft, Eleganz und Leistungsfähigkeit erzielen.

Das ist der Grund, warum diese Prinzipien die Grundlage von allen Shinergy-Techniken sind. Und den Bewegungen der fortgeschrittenen Krieger erst ihre Geschmeidigkeit, Schnelligkeit und durchschlagende Wirkung verleihen. Die Abwehrtechniken, Schläge und Tritte verschmelzen über diese Prinzipien zu Kraft und Stärke. Außerdem wirken die Bewegungen gleich viel eleganter. Denn: Die Schwerkraft ist die Wurzel aller Anmut. Und die solltest du auch beim Gehen beibehalten.

Shinergy lehrt dazu eine völlig neue Form der Fortbewegung. Eine Bewegung und Art des Gehens, die, befreit von Spannung und Widerstand, eine neue Dimension erlebter Leichtigkeit, Eleganz und geschmeidiger Kraft eröffnet.

Unser Gang spiegelt sonst immer die Verkrampfung, Anspannung und das Dagegen-ankämpfen-Müssen unserer modernen Leistungsgesellschaft wider. Da stemmt man sich bei jedem einzelnen Schritt mit einem Bein gegen den Boden und schwingt gleichzeitig das andere Bein unkontrolliert nach vorne. Man drückt sich verkrampft nach hinten ab, um sich nach vorne zu bewegen. Doch der ständige Druck und Widerstand gegen den Boden wird sich in deinem gesamten Körper fortpflanzen. Um ihn erst wieder zu verspannen und zu blockieren. Außerdem musst du den Vorwärtsdruck nach jedem Schritt wieder abfangen, musst deine Muskulatur dagegenspannen, abbremsen und noch mehr Kraft vergeuden. Jeder einzelne Schritt wird dadurch zu einer permanenten Start-Stopp-Herausforderung. Du bewegst dich verspannt, hölzern und alles andere als geschmeidig. Das geht auch ganz anders.

[Übung]

Gehen wie ein Panther

Stell dich aufrecht in einer leichten Schrittstellung hin. Dein linker Fuß steht dabei vorne. Beuge jetzt ein wenig dein linkes Knie und beobachte was passiert. In dem Moment, in dem du dein Knie beugst, verlagert sich dein Gewicht sofort auf den vorderen Fuß. Gleichzeitig wird sich dein gesamter Körper nach vorne bewegen. Diese Bewegung wird alleine von der Schwerkraft ausgelöst. Du musst überhaupt nichts dazu tun oder irgendwelche Muskeln anspannen.

Diese Wirkung wird der Antrieb deiner Bewegung werden. Jetzt beugst du abermals dein linkes Knie. Sobald die Schwerkraft deinen Körper nach vorne katapultiert, hebst du deinen hinteren, rechten Fuß vom Boden ab und setzt ihn in einer gleichmäßigen Bewegung vor den linken Fuß. Der Ballen berührt den Boden dabei zuerst. Achte beim Gehen auf die Falten deines T-Shirts. Bei einer korrekten Gegendrehung deiner Schulter und der Verwringung deiner Wirbelsäule sollten sich diese ab jetzt bei jedem Schritt diagonal abzeichnen. Bravo! Das war dein erster Schritt zu einer neuen Bewegungsqualität.

Übe nun weiter. Jetzt beugst du dein rechtes Knie, wartest den Impuls der Schwerkraft ab und setzt dabei den linken Fuß nach vorne. Bleib dabei immer aufrecht und entspannt. Dein Körper wird von der Schwerkraft getragen. Die Verwringung deiner Wirbelsäule hält dich in Balance. Du bewegst dich geschmeidig und kraftvoll wie ein Panther.

Übe anfangs nur einzelne Schritte. Einen nach dem anderen. Schon bald kannst du dazu übergehen, mehrere Schritte hintereinander auszuführen. Beuge dein vorderes Knie, nütze den Vorwärtsimpuls der Schwerkraft und setze drei kleine Schritte hintereinander. Steigere langsam die Anzahl der Schritte, indem du vor jedem Schritt das vordere Knie leicht abwinkelst. Du kannst dir dazu auch gerne vorstellen, dass du dich über eine spiegelglatte Eisfläche bewegst. Da könntest du dich gar nicht von hinten abdrücken. Sonst würdest du sofort ausrutschen.

Krieger schweben über das Land.

Die Übung hat eine unglaubliche Wirkung. Du bewegst dich jetzt im vollkommenen Einklang mit der Schwerkraft. Du nützt sie bei jedem Schritt, anstatt dich ständig vom Boden abzudrücken. Deine Bewegung ist entspannt, drucklos und in vollkommener Balance. Du scheinst förmlich über den Boden zu schweben.

Außerdem bist du gleich viel beweglicher. Denn wenn du dich nicht mehr von hinten abdrückst, musst du die Bewegung nach vorne auch nicht ständig abbremsen und kannst jederzeit leicht die Richtung ändern. Das wird die anderen beim Sport verblüffen. Übe diese Art des Gehens, wann immer du kannst. Auf dem Weg zur Arbeit, beim Einkaufsbummel und beim Jogging. Du wirst eine neue Leichtigkeit deiner Bewegung feststellen. Sie wird plötzlich völlig frei von Spannung sein und sich auch gleich viel angenehmer anfühlen. Wenn du dich so bewegst, kannst du aber noch viel mehr. Du wirst damit am Ende unseres gemeinsamen Trainings noch alle Barrieren überwinden.

ENTFACHE DAS FEUER

Entdecke deine Energie

Es gibt Menschen, die bereits beim Betreten eines Raumes alle Aufmerksamkeit auf sich ziehen. Sie scheinen von innen heraus zu strahlen und wirken voller Energie. Niemand zweifelt daran, dass ihnen alles gelingt, was sie sich vornehmen. Jeder Angriff erscheint zwecklos. Das ist die Energie eines Kriegers.

Krieger aller Kulturen pflegten den Umgang mit ihrer Lebensenergie.

Sie ist die Basis innerer Harmonie und äußerer Durchschlagskraft und die Grundlage für Erfolg – im Kampf wie im Leben. Heutzutage haben wir den Zugang zu unseren innersten Kraftquellen längst verloren. Kein Wunder. Der Begriff der Lebensenergie wurde am Esoterik-Jahrmarkt auch ziemlich überstrapaziert. Da gibt es teure Energieamulette, Engel-Essenzen und geheime Energieübungen chinesischer Kaiser. Klingt ja auch irgendwie interessant. Doch mit dem modernen Alltag lässt sich das nicht vereinbaren. In der Hektik bleibt einfach keine Zeit für jahrelange Klosteraufenthalte, weltfremde Konzepte pseudoasiatischer Herkunft und komplizierte Übungsreihen der Shaolin-Mönche.

Auch in der Tradition der Kampfkünste erscheint kein Bereich so mystisch wie der Umgang mit Lebensenergie. Und kein anderer Bereich führt zu so vielen Missverständnissen. Auf der einen Seite sind diejenigen, die Lebensenergie als esoterischen Schnickschnack abtun. Selbst einige Lehrer mancher Kampfsportarten setzen lieber auf Leistung, Erfolg und brachiale Methoden. Für solche Vertreter „äußerer Kampfkünste" ist die Kontrolle der Lebensenergie nur Zeitverschwendung, die im realen Kampf keine Bedeutung hat. Auf der anderen Seite stehen selbsternannte Großmeister sogenannter „innerer Kampfkünste", die behaupten, aufgrund ihrer Energiekontrolle unbesiegbar zu sein und jeden Angreifer allein durch das Entgegenschleudern von Energie besiegen zu können. Um oft völlig hilflos unter einem ernstgemeinten Angriff eines mittelmäßigen Boxers zusammenzubrechen.

Andere erklären selbstbewusst, die Kontrolle ihrer Lebensenergie würde ihren Körper schmerzunempfindlich machen, sodass sie über scharfe Klingen gehen oder mit dem Kopf härteste Gegenstände zertrümmern können. Und stellen dies eindrucksvoll zur Schau. Mit unerklärlichen Kräften hat das allerdings nichts zu tun. Dahinter steckt vielmehr eine durch jahrelanges Training erlangte außerordentliche Körperbeherrschung, wie bei herausragenden Zirkusartisten. Mit dem Unterschied, dass diese sich nicht auf eine spezielle Energieübung, sondern jahrelanges Training als Quelle ihrer Fertigkeiten berufen. Für Krieger haben diese Vorstellungen keine Bedeutung – es sei denn, du willst erfolgreich in einem Varieté auftreten. Ein zentrales Anliegen von Shinergy ist die Vermittlung wirksamer Methoden der unmittelbaren Energiekontrolle. In einer praktischen und anwendbaren Form, die den Anforderungen unserer Zeit entspricht. Shinergy verbindet damit erstmals die „äußeren" und „inneren" Kampfkünste. Die Kontrolle der Lebensenergie aktiviert ungeahnte Kräfte und wird in Kampf und Selbstverteidigung anwendbar.

Alle Kraft ist schon in dir!

Deine körpereigene Lebensenergie ist viel mehr als eine Kraft, die dich zu publikumswirksamen Kunststücken befähigt. Sie ist deine ursprüngliche Lebenskraft, die dein gesamtes Sein durchströmt. Von ihr hängt es ab, wie wir uns in den unterschiedlichsten Lebensbereichen durchsetzen. Sie bestimmt unser seelisches Wohlbefinden ebenso wie unsere körperliche Verfassung. Im extremen Fall eines realen Kampfes entscheidet die Kunst, die Lebensenergie konzentriert einsetzen zu können, über Leben und Tod.

Im Alltag hilft die bewusste Kontrolle der Lebensenergie Körper und Geist in Balance zu halten und steigert unser Wohlbefinden. Die Kontrolle deiner eigenen Lebensenergie wird:

- **Deine innerste Kraft aktivieren.** Du wirst erstaunt sein, zu welchen Leistungen du fähig bist.
- **Deine Ausstrahlung verbessern.** Du wirst alleine durch deine Anwesenheit die volle Aufmerksamkeit auf dich lenken.
- **Dich inspirieren.** Du wirst intuitiven Zugang zu universeller Weisheit bekommen.
- **Dich entfesseln.** Du wirst auch die alltäglichsten Aufgaben mit voller Leidenschaft und Freude meistern.
- **Deine Aufmerksamkeit steigern.** Du wirst klar und gelassen die richtigen Entscheidungen treffen.
- **Reserven schaffen.** Wenn es einmal darauf ankommt, kannst du Krisen und Zeiten erhöhter Belastung leicht durchstehen.
- **Körper und Geist wappnen.** Du wirst deine gute Laune bewahren und dich vor Krankheit schützen können.
- **Deine Durchsetzungskraft erhöhen.** Du wirst mit voller Energie deine Ziele verwirklichen.
- **Deinen sechsten Sinn entdecken.** Du wirst deine Wahrnehmung von übersinnlichen Phänomenen und fremden Energiefeldern entwickeln.

Dabei brauchst du diese Kraft gar nicht erst zu suchen. Sie steckt längst in dir. Und erfüllt alles rund um dich. Das bestätigt selbst die moderne Wissenschaft, für die der Begriff der Materie nur noch relativen Charakter hat. Immerhin stellte man fest, dass unser Universum eigentlich nur aus leerem Raum und energetischen Turbulenzen besteht. In alten Weisheitslehren war dieser Umstand längst bekannt. Alles ist Energie! Dein Schreibtisch, dein Auto, dein Lachen und sogar dein Denken – alles nichts als reine Energie. Und wenn selbst das Denken nichts anderes als Energie ist, könnten wir dann nicht durch die bewusste Kontrolle unserer Gedanken auch unsere Lebensenergie lenken? Können wir!

Energie folgt dem Bewusstsein.

Ein Grundsatz von Shinergy lautet: „Energie folgt immer dem Bewusstsein." Dort, wo du dein Bewusstsein hinlenkst, wird auch deine Lebensenergie hinströmen. Wenn du deine Gedanken richtig einsetzen lernst, steht dir sofort die volle Ladung zur Verfügung. Das funktioniert immer und überall. Und ist eigentlich gar nicht so schwer.

Ein spektakuläres Beispiel überzeugt in meinen Seminaren auch die letzten Zweifler:

[Übung]

Der unbeugbare Arm

Stell dich vor einen Übungspartner hin und leg deinen gestreckten Arm auf seine Schulter. Schließ die Hand zur Faust und dreh den Handrücken nach unten. Dein Partner versucht nun, mit aller Kraft deinen Arm zu beugen, du hältst dagegen. Wahrscheinlich wird es ihm bald gelingen, dein Arm wird einknicken.

Dann mach dich ein wenig locker und nimm wieder die Ausgangsstellung ein. Jetzt bleibt deine Hand aber geöffnet und du bringst ein wenig Fantasie ins Spiel. Stell dir vor, dein Arm sei ein Wasserschlauch. Von der Schulter fließt Wasser mit hoher Geschwindigkeit zu deiner Hand und spritzt in einem imaginären Wasserstrahl über deine Fingerspitzen weit in den Raum hinein – vielleicht sogar bis zur nächsten Wand. Konzentriere deine Aufmerksamkeit auf dieses Bild und entspann dich dabei. Jetzt versucht dein Partner erneut den Arm zu beugen. Es wird ihm nicht gelingen.

Wenn du deine Aufmerksamkeit auf das Fließen des imaginären Wasserstrahls konzentrierst, hältst du locker auch dem stärksten Druck stand. Und dabei fühlt es sich noch viel leichter an.

Die Übung zeigt auf eindrucksvollste Art und Weise, wie unser Bewusstsein die Energie lenkt. Nur eine kleine Änderung unserer Aufmerksamkeit bringt die Lebensenergie in Fluss und setzt Kräfte frei, von denen wir vorher gar nicht zu träumen wagten. Energie folgt eben immer dem Bewusstsein!

Natürlich kommt es bei dieser Übung auch immer wieder zu hitzigen Diskussionen. Manche führen das Ergebnis auf die geheimnisvolle und universelle Energie zurück, die dem Geist entspringt und den Arm durchströmt. Andere argumentieren lieber rational mit der besseren und ökonomischeren Muskelspannung des Armes, die entsteht, wenn wir unsere Aufmerksamkeit verändern. Ist es jetzt der Geist. Oder doch der Körper? Sowohl als auch! Denn solange mir niemand die Grenze zeigt, die den Körper vom Geist trennt, gehe ich davon aus, dass Körper und Geist eine untrennbare Einheit bilden.

Die Kontrolle der eigenen Lebensenergie ist demnach weder eine körperliche Fertigkeit noch eine übersinnliche geistige Fähigkeit. Vielmehr entsteht sie aus dem perfekten Zusammenspiel von Körper und Geist. Das solltest du nützen. Und deine innerste Kraft entfesseln.

Folge dem Strom

Für die Lebensenergie gibt es viele Namen. Nach asiatischer Philosophie ist „Ki" (japanisch), „Prana" (indisch) oder „Chi" (chinesisch) die universelle Energie, die allen Vorgängen und Formen des Lebens zugrunde liegt.

Doch wir müssen gar nicht so weit weg. Auch im Abendland gab es Hochkulturen, die sich mit der Lebensenergie befassten. Die alten Griechen nannten diese Energie „Äther", die Christen den heiligen Geist und die Kelten praktizierten Übungen zur Aktivierung der körpereigenen Energie. Der Kosmos und der Mensch werden permanent von dieser universellen Energie durchdrungen. Sie fließt auf den sogenannten Drachenadern durch das Universum und durchströmt auf bestimmten Bahnen, den Meridianen, den menschlichen Körper. Diese Meridiane durchziehen den Körper, bilden eine Art feines Netz und versorgen alle Organe und jede einzelne Zelle mit Energie. Außerdem umgibt dich ständig ein Energiefeld wie ein Schutzmantel. Jede Blockade des Energieflusses beeinträchtigt die körperliche und geistige Leistungsfähigkeit und führt im schlimmsten Fall zu Krankheit.

Der ungehinderte Fluss der Lebensenergie durch die Meridiane gewährleistet das seelische und körperliche Wohlbefinden und steigert die Leistungsfähigkeit. Die beiden Hauptbahnen deiner Lebensenergie verlaufen in der Mitte der Vorder- und Hinterseite deines Körpers. Und versorgen alle anderen Meridiane des Körpers mit Energie. Diese beiden „Starkstromleitungen" solltest du daher regelmäßig in Schwung bringen.

[Übung]

Im Kreislauf der Energie

Diese Übung bringt deinen Energiekreislauf wieder auf Touren und lässt sich überall ausführen. Du benützt dazu erneut deine Vorstellungskraft, um den Energiefluss zu aktivieren. Leg die Zunge am oberen Gaumen an – die Zungenspitze berührt die Hinterseite der Schneidezähne. Das verbindet die beiden Hauptenergiebahnen und schließt den Kreislauf. Atme durch die Nase tief ein und aus. Visualisiere jetzt deine Lebensenergie, wie du sie dir am leichtesten vorstellen kannst: als Licht, Strom, Wasser oder vielleicht als sanftes Kribbeln.

Stell dir dann bildlich vor, wie beim Einatmen die Energie an deiner Rückseite nach oben fließt – und zwar genau in der Mitte an deiner Wirbelsäule. Die Energie fließt vom Steißbein über den Rücken und den Nacken bis zum höchsten Punkt des Kopfes. Beim Ausatmen lässt du die Energie in Gedanken an deiner Vorderseite wieder abwärtsfließen – über die Nasenspitze, das Brustbein, den Nabel bis zum Schambein.

Wiederhole diesen Kreislauf, so oft du willst – einige Minuten wirken oft schon Wunder. Die Übung wird deinen Energiefluss aktivieren und Körper wie Geist beleben.

Krieger erschließen die Quellen innerster Kraft.

Du kannst deine innere Kraft ausweiten, indem du die Lebensenergie auch außerhalb deines Körpers wahrnehmen lernst. Das wird deine gesamte Ausstrahlung verbessern.

[Übung]

Im Zentrum des Wirbelsturms

Beginne zuerst deinen Energiekreislauf zu aktivieren (Übung „Im Kreislauf der Energie").

Jetzt stellst du dir vor, wie du inmitten eines energetischen Eis stehst. Du kannst dir dieses Ei als klares, weißes Licht vorstellen. Dieses Ei beginnt jetzt sich im Uhrzeigersinn zu drehen – die Drehachse verläuft dabei genau durch deine Wirbelsäule.

Beginne mit einigen langsamen Umdrehungen und steigere dann konsequent die Rotationsgeschwindigkeit. Anschließend dehnst du das Energieei in Gedanken aus – einige Meter reichen schon. Du wirst wahrscheinlich ein intensives Kribbeln im ganzen Körper spüren. Versuche die Übung regelmäßig für einige Minuten auszuführen – am besten bevor du das Haus verlässt.

Energie spüren

Ein Energiefeld umgibt jeden Menschen wie ein Schutzmantel. Wenn jemand in dieses Energiefeld eindringt, nehmen wir dies oft unbewusst wahr: etwa wenn uns jemand von hinten anstarrt. Die folgende Übung wird dich für die Wahrnehmung der eigenen und fremden Energiefelder sensibilisieren.

Versuche zunächst dein eigenes Energiefeld bewusst wahrzunehmen: Richte dazu beide Handflächen vor dem Körper zueinander aus und variiere deren Abstand. Bewege die Handflächen so, als würdest du einen imaginären Ball kneten, und nimm die unterschiedlichen Empfindungen wahr. Mit einiger Übung wirst du stärkere Empfindungen wahrnehmen und ein leichtes Kribbeln spüren, je mehr sich die Handflächen einander nähern.

Hast du dich erst einmal für dein eigenes Energiefeld sensibilisiert, kannst du versuchen, auch fremde Energiefelder wahrzunehmen.

[Übung]

Der Energie folgen

Stell dich entspannt vor einen Übungspartner hin und halte mit einem geringen Abstand von wenigen Zentimetern deine Handflächen vor jenen des Partners. Schließ die Augen. Wenn dein

Partner nun beginnt seine Hände langsam zu bewegen, versuchst du seinen Bewegungen zu folgen, ohne den Abstand zu verändern.

Heutzutage sind asiatische Methoden zur Energieaktivierung sehr populär. Traditionelle asiatische Übungssysteme wie Qigong und Tai-Chi sollen für einen harmonischen Energiefluss sorgen. Dabei wirken heimische Übungstechniken oft viel besser. Wahrscheinlich sind sie gerade deshalb auch hier entstanden. Die folgenden Übungen entstammen alten, fast vergessenen keltischen Lehren der Runenmagie und sind in ihrer Wirksamkeit nicht zu überbieten. Sie werden im Stehen ausgeführt, können jederzeit leicht eingesetzt werden und unterscheiden sich nur durch die Position der Arme. Sie dienen dazu, generell den Energiefluss im Körper anzuregen, und steigern im Speziellen bestimmte geistige Fähigkeiten. Führe die komplette Übungsfolge aus, wann immer du dich abgespannt fühlst oder wenn du kurzfristig mehr Energie brauchst. Wenn du bestimmte Fähigkeiten fördern willst, kannst du auch nur die entsprechenden Stellungen einnehmen.

[Übung]

Runenmagie

Mit den folgenden Übungen bringst du deinen Körper in verschiedene Positionen und verbindest dich, ähnlich einer schwenkbaren Radioantenne, mit den umgebenden Feldern universeller Energie.

Damit kannst du deine Ausstrahlung steigern, Kraft tanken und dich für spezielle Aufgaben wappnen. Achte dabei auf die ruhige und tiefe Bauchatmung. Verharre 1 bis 2 Minuten in jeder Stellung.

T-POSITION (Energie im unteren Körperbereich – Intuition, Durchsetzungsvermögen, Selbstbewusstsein)
Die Beine sind geschlossen, der Oberkörper gerade, die Arme, Handflächen und Fingerspitzen weisen diagonal nach unten. Diese Übung regt vor allem den Energiefluss im unteren Körperbereich an und fördert Durchsetzungskraft und Entschlossenheit. Da diese Position die Aufmerksamkeit auf das physische Körperzentrum lenkt, sensibilisiert sie für die Verbindung von Körper und Geist und fördert die Intuition.

W-POSITION (Energie im mittleren Körperbereich – emotionelles Gleichgewicht)
Beine und Oberkörper wie in T-Position, die Unterarme werden nach oben abgewinkelt, die Handflächen und Fingerspitzen weisen nach oben. Diese Position fördert die Energie im mittleren Körperbereich. Gut für Kommunikation, Verwirklichung und emotionelles Gleichgewicht.

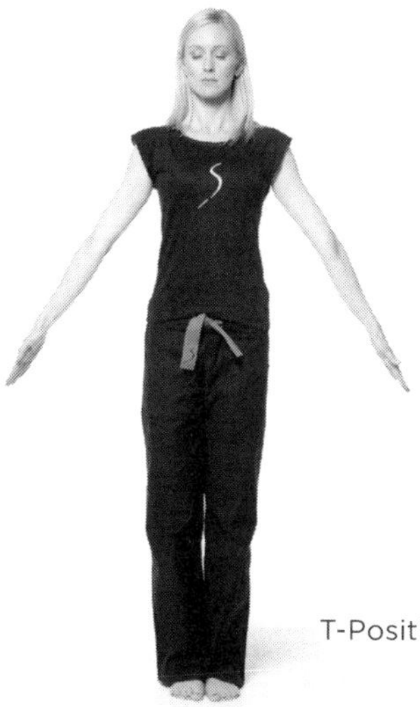

T-Position

W-Position

Y-POSITION (Energie im oberen Körperbereich – Inspiration)
Strecke beide Arme diagonal nach oben, die Handflächen und die Fingerspitzen weisen nach oben. Die Y-Position fördert den Energiefluss im oberen Körperbereich. Sie verbindet den Körper mit der Energie der Umgebung und steigert Inspiration sowie intellektuelle und spirituelle Fähigkeiten.

I-POSITION (harmonischer Energiefluss – Konzentration)
Die Arme werden gerade nach oben gestreckt, die Handflächen weisen zueinander. Diese Übung harmonisiert den Energiefluss der einzelnen Körperbereiche, dient zur Steigerung der geistigen und körperlichen Widerstandskraft und stärkt Ausstrahlung, Willenskraft und Konzentration.

Y-Position

I-Position

Reite den Drachen

In den Schriften alter Weisheitslehren ranken sich viele Mythen um die universelle Lebensenergie. Besonders ein sagenumwobener Kraftstrom taucht immer wieder auf: die geheimnisvolle Schlangenenergie „Kundalini", die sich spiralförmig die Wirbelsäule hochschlängelt und das Gehirn regelrecht mit Energie überflutet. Historischen Erfahrungsberichten zufolge hatte die Aktivierung der Schlangenenergie spektakuläre Folgen. Von silbernen Lichtstrahlen, die plötzlich durch das Rückenmark schießen und sich als strahlende Energie ins Gehirn ergießen, war die Rede. Von einer schier unglaublichen Kraft, die den ganzen Körper erfüllt und schlagartig das Bewusstsein weitet, wurde berichtet.

Diese Wirkungen stellten sich allerdings immer erst nach jahrzehntelanger strenger Askese, qualvollen Übungen und körperfeindlicher Enthaltsamkeit ein. Kein Wunder! Gilt die Kundalini-Energie ja auch als die transformierte Sexualkraft des Menschen. Und bei derartiger Unterdrückung des Sexualtriebes, der unbestritten stärksten Antriebskraft im Menschen, ist es wohl kaum verwunderlich, dass sich dieser irgendwann einen Weg bahnt. Und unkontrolliert explodiert. So lange solltest du aber nicht warten!

Krieger erwecken den schlummernden Drachen.

Die Kraft der Schlange Kundalini kannst du aktivieren, indem du deine Beckenbodenmuskulatur kontrollieren lernst. Dieses mehrschichtige Muskelband, das sich zwischen Scham- und Steißbein spannt, vermag es, die Schlangenkraft durch den Kanal deines Rückenmarks zu pumpen und bisher brachliegende Bereiche deines Gehirns mit neuer Energie zu überfluten. Das wird schlagartig dein Bewusstsein erweitern, die intuitive Wahrnehmung steigern und deine Kreativität erhöhen. Du wirst neue Fähigkeiten entdecken und energiegeladen durchs Leben tänzeln. Außerdem wirst du deine Sexualität entfesseln. Und das alleine sollte schon Grund genug sein, um die folgenden Übungen regelmäßig auszuführen.

[Übung]

Muskelspiel

Der Beckenboden hat die wohl am meisten unterschätzte Muskelgruppe. Viel lieber trainiert man Bizeps, Bauch, Beine und Po. Dabei bildet die Muskulatur deines Beckenbodens das Fundament für eine aufrechte Haltung und harmonische Körperform. Die Aktivierung der Beckenbodenmuskeln wird zudem deine körperliche Leistungsfähigkeit erhöhen. Am besten erlernst du dies in drei Schritten.

Setz dich aufrecht auf einen Stuhl. Versuche zuerst einen kleinen, aber wichtigen Teil der Beckenbodenmuskulatur zu aktivieren, den sogenannten Musculus pubococcygeus, kurz PC-Muskel. Das wird dir nicht schwerfallen, handelt es sich doch um jenen Muskel, mit dem du das Urinieren unterbrechen kannst. Versuche diesen Muskel einige Atemzüge lang anzuspannen und anschließend bewusst zu entspannen. Dadurch aktivierst du einen weiteren Bereich des Beckenbodens, indem du die Körperöffnung des Anus durch Anspannen schließt, um sie gleich wieder zu entspannen.

Zu guter Letzt widmest du dich dem größten Teil deiner Beckenbodenmuskulatur. Dazu musst du zuerst die Lage deiner Sitzbeinhöcker erkunden. Leg im Sitzen beide Hände unter deinen Po

und spüre die beiden knöchernen Höcker, auf denen du täglich sitzt. Versuche nun durch ein sanftes Anspannen deiner Beckenbodenmuskulatur diese beiden Höcker zur Mitte hin einander anzunähern. Einige Millimeter genügen schon.
Mit einiger Übung wirst du bald ein gutes Gefühl dafür bekommen und kannst diese drei Bereiche einzeln, in beliebiger Kombination oder als geschlossene Einheit anspannen. Achte bei allen drei Übungen aber unbedingt darauf, dass deine Po-, Bauch- und Beinmuskulatur immer entspannt bleiben.

Deine Beckenbodenmuskulatur solltest du anfangs so oft wie möglich trainieren. Du kannst ja völlig unbemerkt üben und die Zeit im Auto oder in der U-Bahn nützen. Dann kannst du schon bald den Drachen reiten.

[Übung]

Den Drachen erwecken

Beherrschst du die Muskulatur deines Beckenbodens, kannst du damit deinen Energiestrom aktivieren. Und die volle Ladung entfesseln. Leg dazu deine Zunge am oberen Gaumen an, die Zungenspitze berührt die Rückseite der oberen Schneidezähne, schließ deine Augen und atme durch deine Nase ein und aus. Zuerst spannst du deine komplette Beckenbodenmuskulatur für 10 Sekunden an. Atme dabei ein, spanne alle drei Bereiche an und halte deinen Atem 10 Sekunden lang an. Anschließend atmest du 10 Sekunden lang aus und entspannst deine gesamte Beckenbodenmuskulatur. Wiederhole diesen Ablauf 10 bis 30 Mal.

Dann beginnst du schneller zwischen An- und Entspannung zu wechseln. Atme ein und spanne die Muskulatur nur 1 Sekunde lang an, um sofort wieder auszuatmen und dabei die Muskulatur

für 1 Sekunde zu entspannen. Wiederhole diesen schnellen Wechsel 30 Mal. Zum Abschluss löst du die Zunge vom Gaumen und verweilst noch einige Atemzüge lang mit geschlossenen Augen in entspannter Position.

Die gewonnene Energie wird jetzt für einige Stunden durch deinen Körper fließen, jede einzelne Zelle deines Körpers beleben und dein Gehirn aktivieren. Morgens liefert dir diese Übung Kraft für den ganzen Tag und abends sorgt sie für Regeneration von Körper und Geist.

Konzentriere deine Kraft

In der Kampfstellung und auch während der eleganten Schrittbewegungen wirken die Shinergy-Kämpferinnen und -Kämpfer entspannt. Wenn jedoch eine Abwehr- oder Kontertechnik startet, ändert sich dies blitzartig. Im Bruchteil einer Sekunde wird die gesamte Muskulatur aktiviert und die volle Aufmerksamkeit auf das Ziel konzentriert. Eine Welle immenser Energie wird spürbar.

Diese plötzliche Konzentration der Lebensenergie auf ein Ziel wird in den japanischen Kampfkünsten als „Kime" bezeichnet. Kime ist die Fähigkeit, körperliche, geistige und spirituelle Kraft vollständig auf einen Punkt zu konzentrieren und größte Energien freizusetzen. Krieger können dadurch ihre ganze mentale und körperliche Kraft in Konfliktsituationen augenblicklich zur Verteidigung aktivieren.

Volle Kraft voraus!

Um Kime zu entwickeln und in schwierigen Situationen einsetzen zu können, musst du zunächst lernen, dich für einen Augenblick vollkommen auf ein einziges Objekt oder eine bestimmte Aufgabe zu konzentrieren. Eine Fähigkeit, die in Zeiten der allgemeinen Reizüberflutung allerdings zunehmend verloren geht. Die Kraft, die dadurch entsteht, ist also in erster Linie geistiger Natur: Jeder Aktion muss schließlich die Konzentration auf das Ziel vorausgehen.

[Übung]

Die Aufmerksamkeit bündeln

Setz dich entspannt vor eine brennende Kerze. Versuche deine Aufmerksamkeit ausschließlich auf die Flamme zu richten. Grenze alles andere aus deiner Wahrnehmung aus – als ob in diesem Moment nur du und die Flamme existieren würden. Nimm Form, Farbe und jede Bewegung der Flamme genau wahr. Sobald deine Gedanken abschweifen und um ein Thema zu kreisen beginnen, das nichts mit der Flamme zu tun hat, kehre wieder zur Beobachtung der Flamme zurück.

Diese Übung lehrt, deine Aufmerksamkeit und in der Folge deine Kraft jederzeit auf ein definiertes Objekt zu richten.

Übertragen wir dieses Prinzip nun auf unsere Art zu denken, können wir erkennen, dass wir im Alltag meist nicht zielgerichtet agieren. Nebensächliches, das mit der momentanen Aufgabe nichts zu tun hat, behindert uns viel zu oft. Du kennst sicherlich das Gefühl, tausende Dinge auf einmal tun zu müssen, weil so schrecklich viel ansteht. Wenn du dabei versuchst, alles gleichzeitig zu erledigen, wird es dir schwerfallen entspannt zu bleiben und ökonomisch vorzugehen. Am Ende des Tages bist du ausgelaugt und matt. Obwohl du den ganzen Tag geschuftet hast, verspürst du am Abend das Gefühl, nichts Entscheidendes bewegt zu haben. Du bist frustriert und hast den Eindruck, dass du von außen unter Druck gesetzt wirst und fremdbestimmt bist. Der Grund: Meist lassen wir uns unreflektiert von der scheinbaren Dringlichkeit verschiedener Dinge antreiben – anstatt erst in Ruhe unser Ziel anzuvisieren und anschließend unsere Energie für jene Teilaufgaben zu nutzen, die dorthin führen.

Entfessle deine Entschlossenheit

Nachdem du dich in der Konzentration deiner Aufmerksamkeit geübt hast, kannst du die Wirkung noch entscheidend erhöhen, indem du dein Ziel in Gedanken durchdringst. Und mit voller Entschlossenheit an die Sache herangehst.

> Krieger handeln selbstbestimmt. Sie agieren entsprechend ihren persönlichen Prioritäten.

Shinergy-Trainierende erhöhen die Durchschlagskraft ihrer Techniken, indem sie, wie in der Übung „Der unbeugbare Arm" ihre Lebensenergie in Fluss bringen und im Geiste das Ziel durchdringen. Sie visualisieren dabei ihr Ziel einige Zentimeter hinter dem tatsächlichen Trefferpunkt. Die Bewegungen erhalten dadurch eine schier unglaubliche Durchschlagskraft, unabhängig von Konstitution und Gewicht der Kämpfer.

> Krieger durchdringen Raum und Zeit.

Beim Bruchtest, einem Test zur mentalen Kraft eines Kämpfers, eingesetzt, ermöglicht diese Fähigkeit das Zerschlagen von Brettern und Materialien, die um ein Vielfaches härter sind als der menschliche Knochen.

[Übung]

Entschlossenen Schrittes

Mach mit einem Übungspartner folgenden Test: Stell dich etwa zehn Schritte von deinem Partner entfernt vor ihn hin. Dann geh seitlich an ihm vorbei. Stell dir dabei vor, du würdest ein paar Schritte hinter dir selbst gehen und auf deinen Hinterkopf blicken. Wenn du etwa auf der Höhe deines Partners bist, hebt dieser einen Arm seitlich hoch, um dich anzuhalten. Wahrscheinlich wird ihm das leicht gelingen.
Dann wiederhole das Ganze. Stell dir jetzt aber vor, du würdest ein paar Schritte vor dir selbst gehen. Wieder hebt dein Partner den Arm, um dich zu stoppen. Spürst du den Unterschied?

Mit Sicherheit war der Widerstand des Partners weitaus weniger spürbar. Vielleicht bist du sogar einfach weitergegangen, ohne dass dein Partner dich stoppen konnte.

Deine Bewegung war beim zweiten Mal zielgerichtet. Beim ersten Mal bist du nach vorne gegangen und hast dabei nach hinten gedacht. Beim zweiten Mal war dein Gang jedoch bedeutend kraftvoller und vorwärtsstrebend. Du bist nach vorne gegangen und hast nach vorne gedacht. Dein Denken und deine Bewegung waren eins.

Versuche auch alltägliche Tätigkeiten mit voller Hingabe und Entschlossenheit auszuführen. Dann führst du nicht nur die Gabel zum Mund, sondern vergegenwärtigst dir dabei den Genuss mit allen Sinnen. Dann gibst du nicht bloß die Hand zur Begrüßung, sondern erfüllst die Bewegung mit der Freude an der Begegnung. Am besten kannst du dieses Prinzip beim Sprechen trainieren. Stell dir vor, dass deine Sprache die Zuhörer durchdringt und du durch sie hindurchsprichst. Deine Worte werden sofort an Kraft und Stärke gewinnen.

Es ist dein Geist, der sich die Wirklichkeit erbaut.

Immerhin entscheiden deine Worte über den Handlungsverlauf. Der Schlüssel zum Erfolg liegt dabei in der Fähigkeit, klare Entscheidungen zu treffen. Unter dem zarten Schleier der Esoterik versuchen viele Menschen, wo immer es nur geht, keine Verantwortung mehr zu übernehmen. Gleichmütig wird dann alles devot hingenommen und durch lauwarme Formulierungen interpretiert. Das führt zu nichts. Krieger handeln entschlossen und selbstbestimmt.

Vokabeltrainer

Achte im Alltag auf entscheidungsscheue Phrasen und ersetze sie durch ein Vokabular der Entschlossenheit.

Aus	**wird dann ...**
Man	Ich
Ich sollte	Ich werde
Nie	Jetzt nicht
Immer, niemals	In diesem Moment
Damals	Jetzt
Ich muss	Ich will
Ich kann nicht	Ich will nicht

Erfülle deine Worte und Handlungen mit Entschlossenheit. Du reagierst dann nicht mehr bloß – du agierst und erschaffst dir aktiv deine Wirklichkeit.

ERKENNE DEN GEGNER

- Stell dich der Herausforderung
- Bleib im Fluss
- Schärfe die Klinge
- Siege souverän

STELL DICH DER HERAUSFORDERUNG

Verteidige deinen Freiraum

Die Welt ist keine Wellnesstherme. Und wenn wir uns noch so bemühen und an unserer spirituellen Entwicklung arbeiten, von unseren Mitmenschen können wir das leider nicht immer erwarten. Oft gibt es Krach und wir kommen unweigerlich in Situationen, wo wir angegriffen und bedroht werden. Auf körperlicher oder auf subtilerer Ebene. Der Bogen spannt sich dabei von kleineren Streitigkeiten bis zu wirklich schwerwiegenden Konflikten.

> Steh auf und wage deine Kampfansage.
> Sein oder Nichtsein, das ist hier die Frage.

Im modernen Großstadtdschungel sind körperliche Gewalt und tätliche Übergriffe bereits an der Tagesordnung. Doch diese Probleme beginnen meist schon viel früher: Ständig stehen wir psychischer Gewalt, Mobbing, Einschüchterungen und dem Überschreiten persönlicher Grenzen scheinbar machtlos gegenüber. Viele finden sich irgendwann sogar damit ab. Und sehen tatenlos dabei zu, wie ihr persönlicher Freiraum immer mehr vereinnahmt wird.

Um unsere Gesundheit, unsere Kraft und unser Wohlbefinden zu schützen, müssen wir daher auch mögliche Gegner erkennen und uns, wenn notwendig, zur Wehr setzen können. Wir müssen kämpfen lernen. Die Rückeroberung der persönlichen Freiheit und das Grundrecht auf Verteidigung des eigenen Freiraums sind das Ziel der Shinergy-Selbstverteidigungskurse. Effektive Techniken und wirkungsvolle Strategien bilden dabei die Grundlage für ein neues Gefühl von Sicherheit und Selbstbestimmtheit.

Aus dem gewonnenen Selbstbewusstsein erwächst die Fähigkeit zur Deeskalation und zur gewaltfreien Lösung von Konflikten. Denn nur wenn man im hintersten Winkel seines Herzens weiß, dass man sich im Notfall tatsächlich verteidigen kann, wird man den Kampf vielleicht schon im Vorhinein verhindern können.

Sieh in die Seele

In den meisten traditionellen Kampfkünsten ist es üblich, endlos lange Kombinationen von Bewegungen einzustudieren. Bei den sogenannten „Formen“ werden unzählige Techniken aneinandergereiht und immer wieder abgespult. Die Lehrer achten dabei besonders darauf, dass die Ausführung und die Reihenfolge der vorgegebenen Techniken genau eingehalten werden, um im Ernstfall abrufbar zu sein. Da sich der Gegner aber selten so verhält, wie man es einstudiert hat, ist dieses ständige Wiederholen von vorgegebenen Kombinationen für einen tatsächlichen Kampf sinnlos.

Beim Shinergy-Training wird daher auf dieses Abspulen von festgelegten Formen verzichtet. Stattdessen lernen die Kämpfer, ihre Aufmerksamkeit immer auf den Gegner zu richten. Die anzuwendende Technik und deren Folgetechnik sind einzig von der Reaktion und Bewegung des Gegenübers abhängig.

Um deine Handlungen perfekt an die jeweilige Situation anpassen zu können, ist es notwendig, deine Aufmerksamkeit nach außen, auf den Gegner und die Umgebung, zu richten. Dadurch kannst du deine Fähigkeiten ökonomisch und effektiv einsetzen, statt blind ein Standardrepertoire abzuspulen, das sowieso nicht funktioniert.

Manche Schulen lehren dazu, den Blick auf die Hüfte des Gegners zu richten – mit der Begründung, dass der Gegner jede Bewegung von diesem Bereich aus starten müsse und der Kämpfer durch einen Blick in das Gesicht des Gegners nur der Gefahr eines Täuschungsmanövers ausgesetzt sei. Dies mag für manche Wettkampfsportarten gelten, doch der reale Kampf außerhalb schützenden Regelwerks folgt anderen Gesetzmäßigkeiten. Ein echter Kampf findet nicht nur auf körperlicher Ebene statt. Ganz im Gegenteil: Die erste Entscheidung erfolgt auf mentaler Ebene und bestimmt über Sieg oder Niederlage mit – noch bevor es zum eigentlichen Schlagabtausch kommt. Dabei sind es vor allem die Augen, die uns die klarste Einschätzung der mentalen Kraft eines möglichen Gegners erlauben. Durch gutes Schauspiel und gewandte Argumentation kann ein Gegner mögliche Schwächen verdecken – die fehlende Kraft und Überzeugung in seinen Augen lassen sich nicht überspielen.

Die Augen sind der Spiegel der Seele.

Dein Blick sollte also stets auf die Augen des Gegners gerichtet sein – ohne dich jedoch starr darauf zu fixieren. Vielmehr nimmst du mit einem entspannten Blick in die Augen dein Gegenüber in seiner Gesamtheit wahr.

[Übung]

Augenblick

Versuche bei Gesprächen bewusst in die Augen deines Gegenübers zu blicken, ohne dabei aufdringlich zu starren. Halte deine

Aufmerksamkeit besser weitläufiger, nimm die Person als Ganzes wahr. Besonders in Konfliktsituationen und in Streitgesprächen wird dies zur echten Herausforderung.

Dabei kannst du anhand der Augenbewegungen sogar die innersten Gedanken und Gefühle deiner Mitmenschen erkennen. Unser Gehirn verknüpft jeden Gedanken immer mit Gefühlen. Welcher Sinn bei unseren Gedanken aktiviert wird, beeinflusst die Bewegung unserer Augen.

- Haben wir unseren Blick nach oben gerichtet, stellen wir uns gerade etwas Visuelles vor: Bilder, Szenen oder Farben.

- Blicken wir geradeaus, horchen wir in uns hinein und machen uns Auditives bewusst: Stimmen, Töne und Geräusche.

- Richten wir unseren Blick nach unten, konzentrieren wir uns auf kinästethische Gefühle. Wir spüren Empfindungen.

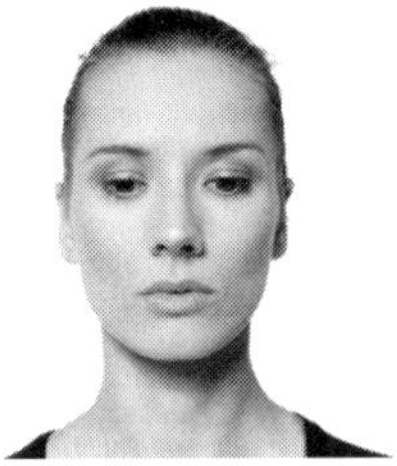

Darüber hinaus lässt auch die seitliche Ausrichtung unseres Blickes Rückschlüsse zu.

- Eine Augenbewegung von deiner Seite aus gesehen nach rechts zeigt, dass dein Gegenüber sich gerade an etwas erinnert und in der Vergangenheit schwelgt.

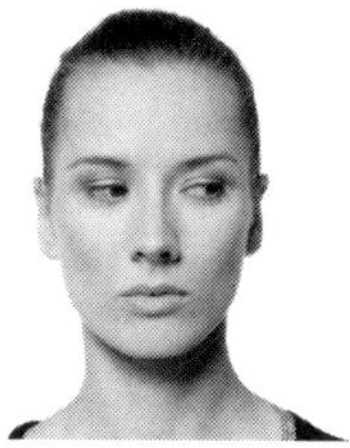

- Blickt dein Gegenüber von dir aus betrachtet nach links, deutet dies auf eine gedankliche Konstruktion und ein Abschweifen in die Zukunft hin.

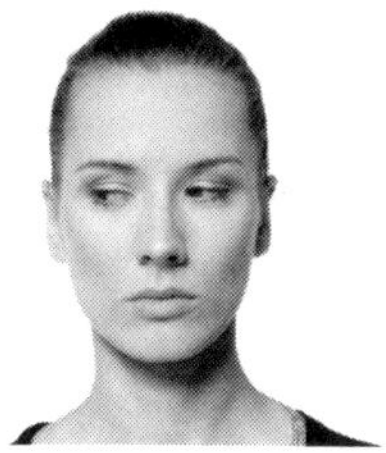

Bedenke aber immer, dass die Augenbewegungen zwar entschlüsseln, wie jemand denkt und welche Sinne gerade beteiligt sind, nicht aber was jemand denkt. Vermeide es deshalb irgendwelche Spekulationen über den konkreten Inhalt anzustellen. Außerdem reagieren Menschen unterschiedlich. Du kannst das aber leicht herausfinden, indem du einfach eine konkrete Frage stellst, die eine bestimmte Sinnesempfindung aktiviert. Frage zum Beispiel: „Bist du hungrig?", um den kinästhetischen Sinn zu aktivieren, „Stört dich der Straßenlärm?", um den auditiven Sinn zu wecken, oder „Erinnerst du dich noch, wie es hier früher ausgesehen hat?", um dein Gegenüber in die visuelle Sinnesempfindung zu führen.

Krieger sehen die Welt mit anderen Augen.

Beobachte die entsprechende Augenbewegung und du hast sofort das Muster der Augenbewegungen deines Gegenübers entschlüsselt. Das wird die Kommunikation erleichtern. Jeder Mensch betrachtet die Umwelt auf unterschiedliche Weise. Während manche die Ereignisse eher visuell wahrnehmen, setzen andere mehr auf den auditiven oder den kinästhetischen Sinneskanal.

Wenn du deinen Gesprächspartner genau beobachtest, kannst du an seinem Blick erkennen, zu welchem Wahrnehmungstyp er gehört. Und kannst ihn auf seiner individuellen Sinnesebene ansprechen. Während du zu einem visuellen Typ in Bildern sprichst, wirst du bei einem auditiven Typ eher auf Töne, Musik und Geräusche setzen und den kinästhetischen Typ leicht über Gefühle erreichen können.

Durchschaue die Täuschung

Die meisten Angreifer wollen aber eigentlich gar nicht gegen dich kämpfen. Das wäre ihnen viel zu anstrengend. Sie wollen dich in Wirklichkeit einfach nur fertigmachen. Am liebsten mit dem geringsten Aufwand.

Erfahrene Angreifer werden dich deshalb selten direkt angreifen. Meist versuchen sie ihre Opfer zuerst verbal einzuschüchtern und schlagen erst später zu. Bei gewalttätigen Angriffen wird das Opfer zuerst beschimpft. Der Angreifer spricht sich dadurch selbst Mut zu und versucht sein Opfer einzuschüchtern. Wenn du dich davon beeindrucken lässt, bist du wehrlos. Da nützt auch die beste Technik nichts. Mit den Teilnehmern in meinen Selbstverteidigungsseminaren mache ich gerne das folgende Experiment:

[Übung]

Krafträuber

Zuerst bitte ich einen möglichst kräftigen und selbstbewussten Mann, sich hinzustellen und seinen Arm waagrecht auszustrecken. Dann sage ich laut das Abc auf. Wenn ich dann versuche, den Arm des Mannes nach unten zu drücken, wird mir das nicht gelingen. Meist ist er viel zu stark.

Dann beginne ich den Probanden unerwartet zu provozieren. Das fällt mir leicht. „Stell dich doch endlich einmal gerade hin und aktiviere deinen Beckenboden. Oder kannst du das etwa gar nicht?" Das reicht meist schon aus. Der verunsicherte Teilnehmer, der sich fragt, was mich nun eigentlich sein Beckenboden angeht, kann meinem Druck auf seinen ausgestreckten Arm dann nichts entgegensetzen. Seine Kraft ist wie weggeblasen und ich kann seinen Arm mit einem Finger nach unten drücken.

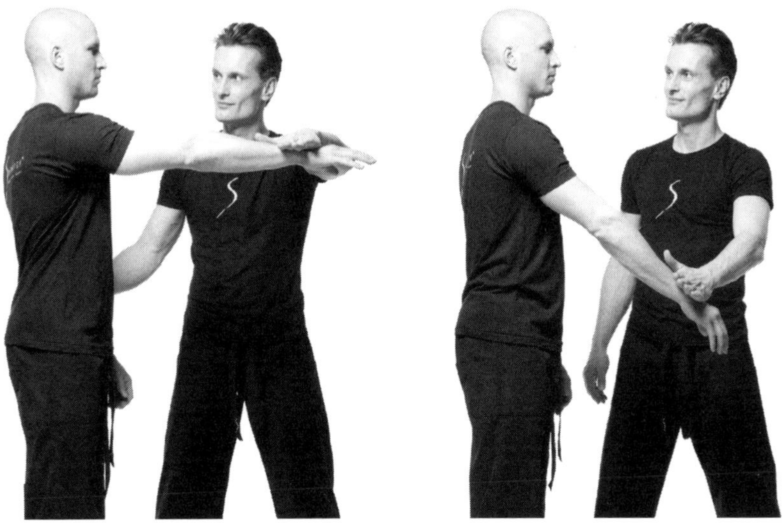

Anschließend muss ich mich natürlich bei dem Teilnehmer entschuldigen. Natürlich geht mich dessen Beckenboden überhaupt nichts an. Aber das Beispiel zeigt eine beliebte Methode auf, mit der Straßenkämpfer ihre Opfer einschüchtern. Man wird zuerst einmal runtergemacht. Oder sogar beschimpft – auf übelste Art und Weise. Erst wenn das Opfer erstarrt, kommt es zum eigentlichen Angriff. Und der gelingt dann meist sehr leicht.

Krieger stehen über den Dingen.

Im Alltag wird man zwar nicht so oft beschimpft. Trotzdem ist man immer wieder mit verbalen Attacken und Einschüchterungsversuchen konfrontiert. Im Prinzip bestehen die schlimmsten Schimpftiraden aus nichts anderem als aus einzelnen Buchstaben – so wie das Abc auch. Erst deine subjektiven Interpretationen machen dabei den Unterschied aus. Und entscheiden über die Wirkung. Ein Liebesgedicht bewirkt vielleicht nur feuchte Augen. Wüste Beschimpfungen meist regungslose Starre. Verbalattacken solltest du daher völlig neutral aufnehmen und nicht bewerten. Schon gar nicht solltest du irgendwie versuchen dich abzugrenzen oder Gegendruck aufzubauen. Das bietet dem Angreifer nur Angriffsfläche. Bleib lieber entspannt und lass die flegelhaften Ausdrücke einfach an dir abgleiten. Nimm es ja nicht persönlich und bleib mit deiner Aufmerksamkeit im Augenblick. Am besten gelingt dir das mit einem „inneren Lächeln".

[Übung]

Inneres Lächeln

Leg oder setz dich entspannt hin und schließ die Augen. Denk an ein freudiges und herzerwärmendes Erlebnis und – lächle dabei!

Du musst dabei gar nicht die Mundwinkel heben. Ruf dir einfach nur das Gefühl in Erinnerung. Stell dir dann vor, wie sich dieses Lächeln in deinem ganzen Körper ausbreitet, vom Kopf abwärts in die Arme, den Oberkörper und die Beine. Das Lächeln löst dabei jede Verspannung und alle Widerstände.

Erkenne die Absicht des Angreifers, wenn dich das nächste Mal jemand verbal attackiert. Erinnere dich an die Übung „Inneres Lächeln" und löse jede Verspannung. Setz dem Angreifer keinen Widerstand entgegen und steige erst gar nicht auf seine Versuche, dich einzuschüchtern, ein. Denn: Wer nicht da ist, kann auch nicht bekämpft werden!

BLEIB IM FLUSS

Sei wie Wasser

Oft werden klassische Kampfkünste heute so unterrichtet, dass sie für eine effektive Selbstverteidigung ungeeignet sind. Die einzelnen Techniken werden genau definiert und die Lehrer achten strengstens auf das möglichst genaue Nachmachen von fix vorgegebenen Bewegungen. Die Techniken werden „eingeschliffen". Bei den sogenannten „Formen" werden diese auch noch als formelhafte Bewegungsfolgen aneinandergereiht. Die Kämpfer beschränken sich auf diese Bewegungsmuster und wiederholen sie wie Roboter so lange, bis sie sie automatisch abspulen können. Je genauer ein Trainierender die Bewegungen nachmachen kann, umso dunkler färbt sich dann auch sein Gürtel.

Der Gedanke dahinter: Wenn man die einzelnen Techniken in solcher Art verinnerlicht hat und sie „blind" als Reflex abrufbar sind, kann man sie ja auch im Falle eines Angriffes anwenden. Ein wunderschöner Gedanke. Aber ein falscher! Denn im Kampf wie auch im Leben ist jede Situation einzigartig. Mangelnde Anpassungsfähigkeit kann fatale Folgen haben. Denn wie sehr man sich auch bemüht hat und die vorgegebenen Techniken wiederholt hat, im realen Kampf ändert sich die Situation, auf die wir reagieren müssen, ständig. Die Statur des Angreifers, Angriffsart, Angriffswinkel und Ausführung sind nur einige Faktoren, die jeden Angriff von einem anderen unterscheiden. Jede Situation ist einmalig – jeder Augenblick einzigartig.

Shinergy basiert daher auf dem Prinzip, keine fixen Bewegungsabläufe vorzuschreiben. Ganz im Gegenteil: Auf die bewusste Variation von Schlag- und Abwehrtechniken wird von Anfang an großer Wert gelegt, sodass der Ausführende jede Technik auch den unterschiedlichsten Angriffen anpassen kann. Nur so ist eine Selbstverteidigung realistisch.

> Wie Wasser, das sich jeder beliebigen Form anpasst, verschmelzen Krieger mit der Einzigartigkeit des Augenblicks.

Im Alltag solltest du deine erworbenen Fähigkeiten variabel einsetzen lernen. Das ist anfangs gar nicht so leicht. Schuld daran sind die vielen Patentrezepte, die uns seit frühester Schulzeit begleiten. Unser Ausbildungssystem scheint teilweise auf das blinde Rezitieren vorgegebener Inhalte ausgerichtet zu sein, oft sind vorgekaute Informationen unreflektiert und genau wiederzugeben. Dabei sind solche Patentrezepte nichts anderes als ein jämmerlicher Versuch, eine sich ständig ändernde Wirklichkeit in einem Standbild zu konservieren. Das gibt uns allerdings ein falsches Gefühl von Sicherheit. Jeder Augenblick ist einzigartig und wirklich entscheidend ist nur, ob du deine erlernten Fähigkeiten auch unter wechselnden Bedingungen und in völlig neuen Situationen erfolgreich einsetzen lernst. Je flexibler du dich an Veränderungen anpassen kannst, desto erfolgreicher wirst du sein.

Wachse an der Aufgabe

Die Fähigkeit, einzelne Kampftechniken und Strategien variabel und trotzdem höchst effektiv einzusetzen, wird beim Shinergy-Training nach dem Prinzip „Vermitteln durch Hindeuten" unterrichtet: Anstatt die Technik theoretisch zu erklären und detailliert vorzuschreiben, stellen die Lehrer kreative Bewegungsaufgaben, die von den Trainierenden in unterschiedlichen Situationen erfüllt werden sollen. Indem die Trainierenden versuchen, die Aufgabe zu lösen, erfahren sie die Grundprinzipien der Techniken gleich bei der direkten Anwendung. Gleichzeitig wird gelernt, die trainierte Technik bewusst zu variieren und perfekt an die konkrete Situation anzupassen. Du solltest im Alltag deine Fähigkeiten so oft wie möglich unter wechselnden Bedingungen einsetzen lernen.

[Übung]

An der Aufgabe wachsen

Um eine bestimmte Fähigkeit zu verbessern, mach dich zuerst mit der dahintersteckenden Theorie vertraut. Überleg dir nun immer wieder neue Aufgaben und Varianten, in denen du die ausgewählte Fähigkeit praktisch anwenden kannst. Sei kreativ und konfrontiere dich ständig mit neuen Herausforderungen und Umständen.

Variiere dabei:
Deine Umgebung: Verändere den Ort und die teilnehmenden Personen. Versuche deine Fähigkeit in einem völlig ungewohnten Rahmen und einer anderen Zielgruppe erfolgreich einzusetzen.
Deine Ausführung: Verzichte auf gewisse Stärken oder probiere eine völlig neue Art aus, die Aufgabe zu lösen.
Die Zeit: Versuche gewisse Aufgaben schneller oder langsamer als gewohnt zu erledigen.

Du kannst einzelne Tätigkeiten auch zu einer völlig ungewohnten Tages- oder Jahreszeit ausführen.

Passe die ausgewählte Fähigkeit immer perfekt der Situation an und setze deine Kräfte möglichst effektiv ein. Die folgenden Kapitel werden dich dabei unterstützen.

Handle unvoreingenommen

Wenn du deine Handlungen perfekt der tatsächlichen Situation anpassen kannst, wird dein Geist ganz von selbst im einzigartigen Augenblick ruhen. Dann hast du Mushin erfahren: jenen Zustand, in dem Körper und Geist mit der Umwelt im Einklang sind. Sobald es dir gelingt, dich während einer Tätigkeit in Mushin zu versetzen, handelst du in einer Weise, die in alten Kriegskünsten als „Wu Wei" bezeichnet wird. Wu Wei bedeutet so viel wie „nicht tun". Damit ist allerdings nicht gemeint, dass wir besser den ganzen Tag in der Hängematte liegen sollten. „Nicht tun" bedeutet hier vielmehr „nicht ichbezogenes Tun". Es bedeutet, dass wir subjektive Vorurteile mindern müssen, um Wu Wei zu erreichen.

Wenn ein Krieger nach Wu Wei handelt, entsprechen seine Tätigkeiten selbstbestimmt den Anforderungen einer konkreten Situation und werden nicht vom inneren Dialog, von Erwartungen und subjektiven Erfahrungen geleitet. Deshalb ist er fähig, seine Kraft im richtigen Maß und zur richtigen Zeit zu entfalten.

Krieger handeln im „Nichttun".
Es gibt nichts, das dann ungetan bliebe.

Die Fähigkeit Wu Wei, seine Strategie und Kampftechnik immer der jeweiligen Umgebung und dem tatsächlichen Gegner anzupassen, wird daher im Shinergy-Unterricht besonders trainiert.

Im folgenden Kapitel wirst du von der einzigartigen Shinergy-Methodik erfahren, mit der du selbstbestimmt und im perfekten Einklang mit der jeweiligen Herausforderung agieren lernst. Im Kampf genauso wie in der Arena des Alltags.

Vermeide Vordenken

Der innere Dialog und die Erinnerung an vergangene Erfahrungen beeinflussen unsere Handlungen insofern, als sie uns zum ständigen „Vordenken" verleiten. Etwa: „Wenn jetzt dies oder jenes passiert, könnte ich auf diese oder jene Art reagieren ..." Das Problem dabei: Dieses Vordenken plant die Handlung quasi schon voraus und verhindert dadurch den optimalen Einklang mit der tatsächlich eintretenden Situation. Wir vergleichen mit Vergangenem, erwarten ähnliche Umstände und nehmen das reale Ereignis gar nicht mehr wahr. Schnell sind wir dann mit einer Interpretation zur Hand – und haben gar nicht alle nötigen Informationen aufgenommen.

So bilden sich in unserem Denken immer mehr starre Reaktionsmuster und Vorurteile. Dies ist einer der Gründe, warum wir dazu neigen, im Laufe der Jahre immer unflexibler zu werden. Doch gerade in einer Zeit, in der sich die Umstände schneller ändern als je zuvor, ist Flexibilität überlebensnotwendig. Lebenslanges Lernen, wie es heute gefordert wird, ist nur dann möglich, wenn wir uns eine gewisse Offenheit des Geistes bewahren. Nur die Fähigkeit, immer wieder unvoreingenommen zu analysieren, garantiert uns, auf Neues und Ungewohntes richtig zu reagieren.

Die Art und Weise, wie man in den meisten Kampfkünsten und Selbstverteidigungskursen trainiert, ist für die komplexe Situation eines realen Kampfes oft unbrauchbar. „Wenn der Gegner dies tut, dann verteidige dich mit jener Technik!", lauten die Anweisungen der Lehrer. Dadurch fördern sie aber nur wieder das ständige Vordenken der Trainierenden und berauben sie der Fähigkeit, auf ungewohnte Situationen zu reagieren: Standardangriffe werden endlos wiederholt, die Kämpfer planen die entsprechende Verteidigung voraus – und liegen damit zumeist falsch.

Im künstlichen Rahmen eines traditionellen Trainings kann diese Methode noch funktionieren. Fortgeschrittene und Meister so mancher Kampfkunst können normierte Angriffe ihrer Trainingspartner oft leicht abwehren. Die unkontrollierten Angriffe von Anfängern bereiten allerdings oft Probleme und werden mit „Du hast mich nur falsch angegriffen" zurückgewiesen. Wenn es darauf ankommt, scheidet diese Variante aus.

Im realen Kampf ist das Vordenken lebensgefährlich. Wir erinnern uns an angelernte Abläufe aus dem Training, vergleichen das Verhalten des Gegners damit – und landen vielleicht sogar im Krankenhaus. Denn der Angreifer nimmt naturgemäß keine Rücksicht. Seine Angriffe erfolgen überraschend und unkontrolliert und entsprechen niemals den gewohnten Angriffen der Übungspartner. Reflexartige Verteidigungsversuche scheitern kläglich.

Dann bleibt einem nichts mehr anderes übrig, als die eingelernten und meist völlig unpassenden Verteidigungstechniken trotzdem irgendwie anzuwenden. Das ist übrigens auch der Grund, warum Krafttraining in den Kampfkünsten immer wichtiger wird. Und sogar Judokämpfer, Praktizierende des „sanften Weges", aussehen wie Gewichtheber. Weitaus eleganter und effektiver ist es, die Handlung variabel und perfekt im Einklang mit der jeweiligen Situation einzusetzen. Dann bedarf die Verteidigung auch weitaus weniger Kraft. Und kann noch im hohen Alter gegen viel jüngere Angreifer meisterhaft angewandt werden.

Krieger befreien sich von Erwartungen an die Zukunft.

Im Alltag lassen wir uns bisweilen von subjektiven Vorstellungen, Erwartungen, Erfahrungen und Ängsten dazu verleiten, auf neue

Situationen mit Standardantworten zu reagieren. Krampfhaft versuchen wir dann, die neue Situation unseren Erwartungen anzupassen, statt entsprechend den neuen Umständen zu handeln. Unter dieser Voraussetzung ist es fast unmöglich, richtig zu reagieren. Außerdem vergeben wir die Chance, Neues zu lernen.

Eine beliebte Management-Strategie, die ursprünglich aus dem Sport stammt, ist das mentale Programmieren. Dabei geht es darum, sich eine Situation und deren Bewältigung so konkret und detailreich wie möglich vorzustellen, um später exakt wie geplant reagieren zu können. Dies kann nur erfolgreich sein, wenn die Situation haargenau so eintritt wie erwartet. Die Wahrscheinlichkeit dafür geht gegen null.

Im Sport funktioniert diese Technik nur dort, wo sich die Umstände nicht ändern – etwa beim Geräteturnen, wo jede Stange normiert ist. In der Kampfkunst wie im Leben ist das mentale Programmieren nicht nur unbrauchbar, sondern auch gefährlich, da es situationsangepasstes Handeln verhindert.

Das heißt natürlich nicht, dass deine Erfahrungen etwas Schlechtes sind. Aber es sollte dir bewusst sein, dass sie dich daran hindern können, eine Situation genau zu betrachten, weil du dir deiner Sache zu sicher bist.

Je besser du die Fähigkeit entwickelst, vor dem Hintergrund deiner Erfahrungen dein Augenmerk auf die Gegenwart zu richten, desto besser werden deine Handlungen

- der Situation entsprechen und dich effektiv zum Ziel führen,
- ökonomisch einsetzbar sein und dich weitaus weniger Kraft kosten,
- dir das Sammeln neuer Erfahrungen erlauben.

Bedenke dein Tun

Die klare, gelassene und objektive Wahrnehmung einer Situation ist mit Vordenken nicht möglich. Niemand kennt die Zukunft. Rückblickend hingegen fällt es uns immer sehr leicht, die passende Lösung zu sehen. Du kennst das sicher: Du denkst an eine schwierige Situation zurück und ärgerst dich, weil du damals nicht dies oder jenes gesagt hast oder nicht souverän reagiert hast. Im Nachhinein weißt du ja genau, was zu tun gewesen wäre. Du hast ja jetzt den nötigen Abstand gewonnen. Die Emotionen, die durch Erwartung und Ungewissheit entstanden sind, fallen nun weg. Das erleichtert die objektive Analyse und die Suche nach einer Lösung ungemein. Allerdings nützt uns dieses Wissen später leider oft nichts mehr. Wir haben im Kampf mächtig Schläge ausgefasst, einen Kunden nicht überzeugen können oder ein unvorteilhaftes Geschäft abgeschlossen. Stell dir doch nur einmal vor, du könntest die Ereignisse rückwärts ablaufen lassen oder die Zeit sogar anhalten: Du hättest in jeder Situation sofort die passende Lösung zur Hand.

Beim Shinergy-Training kommt eine völlig neuartige Methode zum Einsatz, die dies erstmalig ermöglicht. Eine Methode, die es dir erlaubt, die objektive Analyse einer konkreten Situation und die entsprechende Handlung immer mehr an den Moment des Geschehens anzunähern. Diese Annäherung wird so lange trainiert, bis deine Wahrnehmung der Situation und deine entsprechende Handlung in der Gegenwart zusammenfallen.

[Übung]

Zurück in die Gegenwart

Am Beispiel eines Angriffs kannst du die Effektivität der Shinergy-Methodik selbst erfahren. Ein Trainingspartner greift dich mit

[Übung]

einem rechten oder linken Fauststoß an. Der Trainingspartner führt den Angriff zu deinem Kopf hin aus, stoppt diesen aber ab und friert die Bewegung ein.

Du hast nun Zeit, den Angriff in aller Ruhe genau zu analysieren und dann die passende Verteidigung auszuführen:
Lass dir Zeit und passe deine Abwehr möglichst exakt dem Angriffswinkel und dem Abstand zum Angreifer an.
Im Bild nimmt sich die Verteidigerin 5 Sekunden Zeit, um die Situation genau zu analysieren und entsprechend zu kontern.

Dann wird die Übung mit einem beliebigen Angriff wiederholt, diesmal erfolgt die Abwehr allerdings schneller. Jetzt nimmt sich die Verteidigerin für die genaue Analyse und entsprechende Gegenmaßnahme nur noch 2 Sekunden Zeit.

2 Sekunden

Indem die Analyse der Situation und die passende Reaktion immer mehr an das gegenwärtige Geschehen angenähert werden, lernst du, dein volles Handlungspotenzial schnell zu nützen.
Auf dem dritten Bild reagiert die Verteidigerin bereits in dem Moment, in dem der Angreifer seinen Angriff stoppt.

0 Sekunden

Dies wird so lange trainiert, bis die Analyse und die folgende Reaktion gleichzeitig mit dem Angriff stattfinden – und die Handlung perfekt der Situation angepasst ist.

Bereits während des Angriffes kann die tatsächliche Angriffstechnik objektiv analysiert werden und die entsprechende Gegenwehr stattfinden.

Das subjektive Vordenken wird dabei völlig vermieden. Nur über das immer raschere Nachdenken erreicht ein Verteidiger ungetrübte Geistesgegenwart. Die objektive Analyse ermöglicht es ihm, seine Techniken perfekt an die reale Situation anzupassen. Er wird nicht zu vorschnellen und falschen Reaktionen verleitet.

Krieger lernen aus der Vergangenheit,
wie sie in Zukunft die Gegenwart meistern.

Diese Methode hat nichts mit Reiz-Reaktions-Training zu tun. Das klassische Reaktionstraining zielt darauf ab, auf bestimmte Situationen „automatisch" zu reagieren: Wenn der Gegner zum Beispiel von rechts zuschlägt, wehre ich von links ab. Durch dieses Vordenken entstehen Reflexe – das heißt, auf eine bestimmte Art von Reiz reagieren wir immer gleich. Weicht die tatsächliche Situation allerdings vom Spektrum der erwarteten Situationen ab, ist diese Methode nutzlos. Shinergy zielt daher nicht auf das Erlernen von unbewussten Reflexen und automatischen Reaktionen ab, sondern konzentriert sich vielmehr darauf, die uneingeschränkte Geistesgegenwart zu trainieren.

Mit dieser Methode ist es erstmals möglich, die Essenz einer effektiven Selbstverteidigung zu erlernen: die situationsangepasste Handlung in einer völlig neuen Situation. Sogar in Angst- und Stresssituationen. Dieser Lernprozess erfolgt im entspannten und förderlichen Zustand einer klaren und gelassenen Geisteshaltung.

Im Alltag kannst du mit der beschriebenen Methode ausgezeichnet lernen, auch in schwierigen Situationen richtig zu reagieren.

[Übung]

Geistesgegenwart

Gewöhne dir zunächst an, den Tag am Abend noch einmal Revue passieren zu lassen. Analysiere konkrete Situationen, in denen du dich unsicher gefühlt hast und überlege dir in aller Ruhe konkrete Handlungsvarianten.

Dann versuche, diese entspannte und möglichst objektive Analyse immer mehr in den Alltag einzubauen, etwa durch regelmäßige Unterbrechungen und Pausen. Auch in den schwierigsten Verhandlungen wirst du mit Sicherheit eine Möglichkeit finden, das Geschehen kurz zu unterbrechen. Im Notfall kannst du ja immer noch die Toilette aufsuchen, um die Lage kurz zu überdenken, bevor du deine weiteren Handlungen setzt.

Wenn es dir gelingt, die Analyse und entsprechende Handlungsvarianten einige Minuten nach Eintreten einer schwierigen Situation durchzuführen, bist du deinem Ziel schon sehr nahe.

Nähere die klare Analyse immer mehr an die jeweilige Konfliktsituation an. Unterbreche nur kurz, analysiere möglichst objektiv Geschehenes und handle dann entsprechend.

Ziel ist es, deine Geistesgegenwart so weit zu trainieren, dass du bereits während heikler Momente diese so entspannt analysieren kannst, als würdest du gemütlich zu Hause sitzen.

Du kannst mit dieser Methode lernen, schon bald gegenwärtig und im perfekten Einklang mit der jeweiligen Situation zu reagieren. Dann lernst du aus der Vergangenheit, wie du in Zukunft die Gegenwart meisterst. Mit der gleichen Methode erreichst du aber noch weitaus mehr. Du kannst dir zum Beispiel deinen freien Willen zurückerobern.

Erobere deinen freien Willen zurück

Hat der Mensch überhaupt so etwas wie einen freien Willen? Oder sind all unsere Handlungen und Entscheidungen bloß fremdbestimmte Reaktionen auf äußere Reize? Das ist die große Frage, über die Philosophen aus aller Welt seit Ewigkeiten heftig diskutieren. Manche Erkenntnisse entlarven den Menschen dabei leider als weitgehend fremdbestimmtes Individuum und gestehen ihm höchstens ein Einspruchsrecht zu. Das heißt: Auch wenn ein äußerer Reiz unweigerlich eine bestimmte Reaktion in uns hervorruft, haben wir zumindest ein Vetorecht, diese Handlung nicht auszuführen – also etwas nicht zu tun. Ein Vorgang, der sich allerdings im Bruchteil einer Sekunde abspielt. Klingt nicht gerade sehr motivierend, wenn man als Krieger nach Selbstbestimmung und persönlicher Freiheit strebt. Das Vetorecht ist aber der Schlüssel zur Selbstbestimmtheit und Souveränität. Wenn du die Zeit des Einspruchs genügend weit ausdehnst, kannst du in Ruhe die Lage sondieren und deine Handlung völlig bewusst ausführen. Oder sie eben bleiben lassen. Die Entscheidung liegt dann aber immer alleine bei dir selbst.

Die Shinergy-Methodik baut genau auf diesem Umstand auf und erlaubt über das bewusste Unterbrechen fremdbestimmter Reiz-Reaktions-Muster die Rückeroberung der persönlichen Entscheidungsfreiheit. Du erinnerst dich: Anstatt mit einstudierten Reflexen auf Angriffe zu reagieren, wird der Angriff unterbrochen, eingefroren und objektiv analysiert. Die folgende Verteidigung wird vollkommen bewusst ausgeführt und entspricht perfekt den Anforderungen der konkreten Situation. Diese Methodik ermöglicht das situationsangepasste Handeln im Hier und Jetzt. Und die Rückeroberung des freien Willens. Aber nur wenn du dich auch während des Tages immer wieder darin übst.

[Übung]

Dein eigener Wille geschehe

Versuche alltägliche Handlungen immer wieder zu unterbrechen. Anstatt gewohnte Tätigkeiten automatisch auszuführen, hältst du kurz inne und unterbrichst sie. Nimm dir dafür einige Sekunden

Zeit, in denen du die geplante Handlung kurz bedenkst und die Umgebung analysierst. Entscheide dich dann bewusst zur Handlung und führe sie im Anschluss aus. Das kannst du bei jeder Tätigkeit üben. Willst du zum Beispiel gerade zur Kaffeetasse greifen, halte inne, betrachte die Tasse und führe erst dann die Handlung aus. Bemüh dich dabei um eine möglichst entspannte und elegante Ausführung. Unterbreche auf diese Art immer wieder deinen Alltag und führe auch die einfachsten Tätigkeiten nach einer vorhergehenden Unterbrechung im Zeitfluss aus.

Die Übung ist von unschätzbarem Wert. Denn durch dieses Shinergy-Prinzip wird es erstmals möglich, eine Fähigkeit zu erlangen, die bisher angeblich nur einigen wenigen „Auserwählten" vorbehalten war, nachdem sie in jahrzehntelanger Meditation unzählige Irrwege verworrener Lehren durchwandert hatten: Wu Wei, das unvoreingenomme Handeln. Die Anforderungen einer konkreten Situation verschmelzen dabei mit der bewussten Entscheidung für eine Handlung höchster Gegenwärtigkeit und Selbstbestimmung. Anstatt fremdbestimmt auf äußere Reize zu reagieren, agieren Krieger selbstbestimmt. Ihre Handlungen erfolgen im perfekten Einklang mit den Anforderungen der konkreten Situation und werden nicht mehr von subjektiven Erwartungen und Erfahrungen beeinflusst.

Krieger handeln selbstbestimmt.

Das kannst du immer und überall üben. Besonders gut im Umgang mit deinen eigenen Emotionen in Angst- und Stresssituationen. Wenn du beispielsweise nach einer Provokation im Straßenverkehr die Wut in dir aufsteigen spürst, hältst du für einen

Augenblick inne, um das Geschehene von außen zu beobachten. Was ist der konkrete Grund für deine Wut? Welche Reaktion wurde dadurch in dir ausgelöst? Welche Möglichkeiten hast du jetzt, um darauf zu reagieren? Welche Folgen hätte deine Handlung? Auf diese Art wirst du den Dingen bald ihren wahren Wert beimessen können. Im vorigen Beispiel wirst du ausatmen und höchstwahrscheinlich entspannt weiterfahren. Es war es doch gar nicht wert, sich so aufzuregen.

[Übung]

Lohnende Pause

Im Alltag gibt es immer wieder Situationen, die uns zur Weißglut treiben oder Stress und Angst bereiten. Doch anstatt blind und automatisch zu reagieren, hältst du das nächste Mal kurz inne und versuchst die konkreten Ereignisse vorher kurz zu analysieren. Bedenke, möglichst ohne zu bewerten, was da gerade passiert ist, welche Reaktion in dir ausgelöst wurde und deren mögliche Folgen. Überlege dir dann, wie du reagieren könntest, und entscheide dich abschließend bewusst zu deiner Handlung. Anfangs wirst du dir dazu länger Zeit nehmen müssen. Aber nach einiger Übung wird dir das immer schneller gelingen.

Dieses Prinzip kannst du in Angst- und Stresssituationen anwenden. Wenn du die Emotion bemerkst, halte kurz inne und analysiere die Sache und entsprechende Handlungen möglichst sachlich und ohne Bewertungen. Entscheide dich dann bewusst zu deiner folgenden Aktion. Das soll jetzt aber nicht heißen, jedem Konflikt aus dem Weg zu gehen und immer das Weite zu suchen. Manchmal ist es durchaus angebracht sich mutig der Konfrontation zu stellen. Und die eigene Aggression als Antrieb zu nutzen. Du wirst dich aber bewusst dazu entschlossen haben. Und selbstbewusst an die Sache herangehen.

SCHÄRFE DIE KLINGE

Beherrsche dein Handwerk

In stiloffenen Wettkämpfen stehen Shinergy-Krieger Kämpfern aus anderen Kampfsport-Stilen gegenüber. Manchmal sind die Gegner viel erfahrener. Doch obwohl sie technisch und körperlich überlegen sind und wild um sich schlagen, gelingt es ihnen nicht, auch nur einen effektiven Treffer zu landen. Der scheinbar unterlegene Shinergy-Kämpfer schlängelt sich elegant an jedem Angriff vorbei und beendet den Kampf überraschend mit nur einem gezielten Schlag.

Das Geheimnis liegt im perfekten Einsatz eines der wichtigsten Werkzeuge von Kriegern: der Strategie. Strategie steht in der hohen Kunst des Kampfes noch weit über der Technik und Kondition. Denn entscheidend ist letztendlich nicht, wie viele Techniken du erlernt hast und wie schnell, kräftig und ausdauernd du bist.

Krieger setzen ihre Waffen präzise ein.

Entscheidend ist einzig, wie viele deiner Techniken zum Ziel führen. Das unterscheidet wahre Krieger von wüsten Raufbolden und Schlägern. Krieger beherrschen ihr Handwerk in höchster Perfektion und setzen ihre Waffen immer effektiv und präzise ein. Um im Falle eines Angriffes den Kampf innerhalb eines Augenblickes zu beenden.

Die folgenden Kapitel werden dir die Grundlage der Shinergy-Strategie vermitteln. Du wirst lernen, wie du

- jeden Angriff ins Leere laufen lässt,
- die Kraft körperlich überlegener Gegner perfekt nützen kannst,

- im richtigen Augenblick den Kampf durch den entscheidenden Treffer beendest.

Kontrolliere die Distanz

Das erste strategische Prinzip von Shinergy liegt in der bewussten Kontrolle der Distanz. Und darin, immer den perfekten Abstand zum Gegner zu halten. Grundsätzlich gibt es nur vier Möglichkeiten, um auf einen Angriff zu reagieren:

- Still stehen zu bleiben und zuzusehen, wie der Angriff vernichtend das Ziel trifft, ist sicher die ungünstigste Variante.

Weitaus besser ist es, aus den anderen drei Möglichkeiten zu wählen. Du kannst

- gleichzeitig kontern,
- auf den Angreifer zugehen und den Abstand verringern oder
- auf Distanz gehen und den Abstand vergrößern.

Die erste Möglichkeit – der gleichzeitige Gegenangriff – ist die effektivste, aber auch die schwierigste. Statt die Distanz zu verändern, startest du den Gegenangriff im Moment des Angriffes. Diese Variante setzt voraus, dass du die Einleitung und die Art des Angriffs sofort richtig erkennst.

In den meisten klassischen Kampfkünsten wird den Schülern beigebracht, zunächst eine Abwehrbewegung auszuführen und erst dann den Gegenschlag zu starten. Diese Taktik ist für eine realistische Verteidigung oft unbrauchbar – sie lässt dem Gegner zu viel Zeit für einen neuen Angriff.

Beim Shinergy-Training wird daher die Gleichzeitigkeit von Abwehr und Kontertechnik geübt. Ziel ist es, die Geistesgegenwart

Gleichzeitiger Gegenangriff

so weit zu schulen, dass der Kämpfer jederzeit für diese effektive Art der Verteidigung bereit ist.

Bist du für einen sofortigen Gegenangriff nicht bereit, kannst du einen Angriff auch zunichtemachen, indem du ausweichst. Du kannst zur Seite treten oder sogar auf den Gegner zugehen. Seine Angriffe, die auf deine ursprüngliche Position gerichtet waren, gehen dadurch ins Leere. Besonders das Auf-den-Gegner-Zugehen erfordert sehr viel Mut, kann aber in gewissen Situationen höchst effektiv sein, wenn dadurch der beabsichtigte Schlag ins Leere geht. Du kannst den Abstand zum Gegner aber auch vergrößern. Das heißt, du lässt es erst gar nicht zu einer Konfrontation kommen und bleibst außerhalb der Reichweite der gegnerischen Angriffe. Dies bedeutet aber nicht, dass du weglaufen solltest. Sieh vielmehr entspannt zu, wie der Gegner seine Energie für Angriffstechniken verbraucht, und warte in dieser sicheren Position auf den richtigen Moment, um zuzuschlagen.

Auf den Gegner zugehen

Auf Distanz gehen

Auch in alltäglichen Konflikten gibt es nur diese vier grundsätzlichen Möglichkeiten, wie man auf einen Angriff reagieren kann. Drei sinnvolle Lösungen für Krieger und eine Variante für den Rest der Welt. Die unbrauchbare Variante – sich ohnmächtig und erstarrt einem Angreifer auszuliefern, alle anderen dafür verantwortlich zu machen und jammernd deinen Mitmenschen auf die Nerven zu gehen – solltest du besser gleich wieder vergessen. Bleibe lieber aktiv:

- Akzeptiere eine Situation entweder mit all ihren Herausforderungen und Schwierigkeiten, verlasse das Geschehen mit erhobenem Haupt oder mach dich sofort an die Veränderung.
- Gleichzeitig kontern: Am besten ist es, wenn du gleich aktiv an die Sache herangehst und das Problem auf der Stelle löst. So kannst du in einer Diskussion deine Zweifel gleich aussprechen und diese durch plausible Argumentation klar darlegen. Diese Variante ist freilich nur dann sinnvoll, wenn du die geeigneten Argumente auch schnell zur Hand hast.
- Die Distanz verringern: Du kannst dich allerdings auch in den anderen hineinversetzen, auf ihn zugehen und versuchen, die fremden und ungewohnten Ansichten nachzuvollziehen. Und diese vielleicht später sogar akzeptieren.
- Die Distanz vergrößern: Du kannst es allerdings nicht immer jedem recht machen und einen Streit durchaus sinnvoll beenden, indem du die Distanz vergrößerst und deiner Wege gehst.

Welche der drei aktiven Varianten du auswählst, sollte einzig von der Ökonomie abhängen. Mach es dir einfach! Natürlich wäre es im Alltag toll, immer in der Lage zu sein, alle Angriffe abzuwehren, zu kontern und den Kampf dadurch zu beenden. Trotzdem müssen wir akzeptieren, dass wir in manchen Situationen nicht gleich etwas entgegezusetzen haben – weil wir gerade schwach sind oder nicht über die geeigneten Argumente und Mittel verfügen. Da wäre ein blindwütiger Gegenangriff nicht nur Kraftverschwendung, er könnte sogar deine Position entscheidend verschlechtern.

Krieger halten den perfekten Abstand zum Gegner.

In Phasen der Schwäche solltest du daher auf die beiden anderen Möglichkeiten
- den Abstand verringern oder
- auf Distanz gehen

zurückgreifen. Richtig eingesetzt, kannst du mit diesen Taktiken erfolgreich sein. Ob du die Distanz vergrößerst oder verringerst, sollte also nicht zuletzt von ökonomischen Gesichtspunkten abhängen. Frage dich: „Welcher Weg führt mit weniger Aufwand zum Ziel, wenn ich nicht mit einem vernichtenden Schlag den Kampf für mich entscheiden kann?"

- Stehst du nahe am Gegner, ist ein Vermindern der Distanz unter Umständen kräftesparender, weil du eine kleinere Bewegung ausführen musst, um einen Treffer zu vermeiden.
- Bei einer größeren Distanz genügt vielleicht ein kleiner Schritt nach hinten, um den Angriff ins Leere laufen zu lassen.

[Übung]

Distanzkontrolle

Ruf dir das nächste Mal, wenn du mit einem Problem konfrontiert bist, die drei konstruktiven Lösungsmöglichkeiten in Erinnerung: gleichzeitig kontern, die Distanz verringern oder die Distanz vergrößern. Überlege dir mögliche Strategien und Konsequenzen zu allen drei Varianten. Welche du dann auswählst, sollte einzig davon abhängen, welche Lösung den geringsten Aufwand bedeutet. Wenn du zum Beispiel immer wieder Streit mit einem Kollegen hast, könntest du:

ZURÜCKSCHLAGEN
Etwa indem du ihn mit einem gezielten Gegenangriff ein für alle Mal zu einer vernünftigen Zusammenarbeit bewegst. Das erfordert aber, dass du die geeigneten Argumente und zumindest so viel Rückhalt im Büro hast wie der feindselige Kollege.

AUSWEICHEN
Diese Variante wirst du wählen, wenn du dir nicht sicher bist, mit einem Gegenangriff erfolgreich zu sein. Das kann bedeuten, dass du auf seine Sticheleien nicht eingehst, dass du ihm bei unbedeutenden Argumenten Recht gibst und ihm damit den Wind aus den Segeln nimmst oder dass du ihm ein – fachlich einwandfreies – Angebot zur Zusammenarbeit machst.

AUF DISTANZ GEHEN
Unter Umständen ist es aber mit weniger Aufwand verbunden, um Versetzung in eine andere Abteilung anzusuchen oder zu kündigen und sich einen Job mit netteren Kollegen zu suchen. Du siehst: Auch der Rückzug kann eine durchaus effektive, intelligente und mutige Variante darstellen.

Entwaffne deine Gegner

Die meisten traditionellen Kampfkünste basieren auf dem Prinzip, den gegnerischen Angriff hart abzublocken, also Kraft gegen Kraft zu setzen. Wenn der Gegner also einen Schlag gegen uns richtet, müssen wir mit ebenso großer Kraft dagegenhalten, um seinen Schlag abzuwehren. Erst dann erfolgt unser Gegenschlag. Bei diesen Stilen sind die Körperkraft und das Abhärten einzelner Körperteile sehr wichtig.

Realistische Selbstverteidigung darf allerdings niemals auf körperliche Konstitution und brachiale Kraft bauen. Denn wie stark du auch zu sein glaubst: Wenn es darauf ankommt, musst du davon ausgehen, dass dir der Angreifer körperlich überlegen ist. Harte Blocks und kunstvolle Abwehrbewegungen funktionieren nur bei den einstudierten Angriffen im Kursraum. Unter einem ernst gemeinten Schlag eines enthemmten Angreifers knickt man wie ein Streichholz. Und das Abhärten einzelner Körperteile, um weniger Schmerzen bei der Abwehr zu spüren, ist wohl die dümmste Variante. Das schädigt nur den Körper und tötet sogar einzelne Nerven ab.

Und das alles nur, um brachiale Abwehrtechniken zu üben, die im Ernstfall sowieso nie funktionieren. Reagiere daher lieber weich, geschmeidig und entspannt und lass die gegnerische Kraft elegant an dir abgleiten. Das wird die Angriffe zunichtemachen und deinen Gegner entwaffnen.

Die folgende Übung ist hervorragend dazu geeignet, diese Fähigkeit zu trainieren. Du bekommst bald ein gutes Gefühl dafür, wie du der gegnerischen Kraft keinen Widerstand entgegensetzt. Außerdem trainierst du eine der wichtigsten Selbstverteidigungsfertigkeiten überhaupt: das Vermeiden von schwereren Verletzungen, wenn du getroffen wirst. Dies wird leider in keiner traditionellen asiatischen Kampfkunst berücksichtigt und in Hollywood-Filmen funktioniert es ja auch so ganz gut. Aber einen Kampf, in dem du überhaupt nicht getroffen wirst, gibt es in Wirklichkeit nicht. Wenn du in angespannter und verkrampfter Karate-Stellung getroffen wirst, musst du mit Verletzungen oder gar einem K.o. rechnen. Wenn du aber weich, geschmeidig und entspannt bleibst, kannst du die Wirkung des Angriffes leicht zunichtemachen. Und überleben.

[Übung]

Entspannt zum Sieg

Dazu brauchst du einen Übungspartner. Stell dich aufrecht und entspannt hin. Dein Partner umkreist dich und legt seine Hand auf eine beliebige Stelle deines Körpers. Dann versucht er, dich durch gleichmäßiges Schieben oder Stoßen aus dem Gleichgewicht zu bringen. Leiste keinen Widerstand. Gib nach und lass die Kraft mit einer eleganten Bewegung an dir abgleiten. Bleib dabei möglichst entspannt. Am besten atmest du dabei tief aus und sinkst gleichzeitig nach unten, indem du die Knie leicht beugst. Bewege dich dabei möglichst sparsam. Wenn der Angreifer seinen Arm gegen deine Schulter drückt, genügt eine kleine Bewegung des Schultergelenks, damit die gegnerische Kraft an dir abgleitet …

Übe auf diese Art und Weise die Abwehr von allen möglichen „An-Griffen". Der Partner kann dich an Hüften, Kopf, Bauch, Knien und Füßen stoßen und ziehen. Du bleibst locker, atmest aus und lässt die gegnerische Kraft elegant an dir abgleiten.

Nach einiger Zeit kannst du versuchen, die Übung auf einem Bein stehend zu meistern. Du musst jetzt noch entspannter reagieren und die Bewegungen in allen Gelenken ausgleichen. So schlängelst du dich elegant an jedem Angriff vorbei.

Die Shinergy-Strategie zur Abwehr eines Angriffes baut daher immer darauf, die Kraft des Gegners zu nützen. Es wird vermieden, die Angriffe des Gegners unter Einsatz körperlicher Kraft „hart" abzublocken. Stattdessen wird ohne Widerstand die gegnerische Kraft durch elegante Bewegungen „weich" umgelenkt und an sich vorbeigeleitet. Der Angriff wird dadurch ins Leere gehen und der Gegner förmlich entwaffnet.

Krieger verteidigen sich widerstandslos.

Deine Abwehrbewegung folgt dabei immer der gegnerischen Kraft.

[Übung]

Sensibel zum Sieg

Diese Übung schult deine kinästhetische Wahrnehmung gegnerischer Kraft. Achte während der Ausführung auf eine entspannte und stabile Haltung. Nimm mit einem Übungspartner die abgebildete Ausgangsposition (Bild S. 186) ein. Die Handflächen berühren einander. Schließ die Augen. Dein Partner beginnt nun langsam

seine Hände beliebig zu bewegen. Folge den Bewegungen, ohne den Kontakt an den Handflächen zu verlieren. Anschließend tauscht ihr die Rollen. Jetzt führst du die Bewegungen aus und dein Partner folgt mit geschlossenen Augen. Zum Abschluss versucht ihr beide willkürliche Bewegungen vorzugeben und gleichzeitig den Bewegungen des Partners zu folgen.

Nütze die Kraft des Gegners

Hast du dich auf diese Art erst einmal für die Kraft des Partners sensibilisiert, kannst du zum nächsten Schritt übergehen. Jetzt folgst du nicht bloß der gegnerischen Kraft, sondern verstärkst diese noch, indem du ein wenig Energie beisteuerst. Das ist der wahre Albtraum jedes Angreifers. Denn wenn sein Angriff auf diese Art ins Leere geht, hat er nur noch zwei Möglichkeiten: Entweder er verliert sein Gleichgewicht und taumelt unkontrolliert in deine Kontertechnik. Oder er verspannt für einen kurzen Moment seine komplette Muskulatur, um die Balance zu halten. Und ist in diesem Moment völlig bewegungsunfähig. Dabei sind grundsätzlich zwei Reaktionen möglich:

- Wenn der Gegner drückt, dann zieh!
- Wenn der Gegner zieht, dann drück!

In der folgenden Übung kannst du dies gleich anwenden.

[Übung]

Kampfspiel

Stell dich wieder frontal einem Übungspartner gegenüber auf. Jetzt legt ihr wieder eure Handflächen aneinander. Diesmal umgreifen die Finger aber fest die Hände des Partners, der nun durch gleichmäßiges Ziehen und Drücken versucht, dich aus dem Gleichgewicht zu bringen. Folge mit den Händen immer der Kraft des Partners und leite zusätzlich durch elegante Bewegungen deines Körpers dessen Angriffe an dir vorbei.

Versuche dann im richtigen Moment die gegnerische Kraft zu verstärken und deinen Partner aus dem Gleichgewicht zu bringen. Im richtigen Moment wird dir dies erstaunlich leicht gelingen. Zieh, wenn der Partner drückt. Drück, wenn der Partner zieht.

Krieger verschmelzen mit der Energie des Angreifers.

Auch in verbalen Auseinandersetzungen ist es weitaus sinnvoller, auf Attacken des Gegners nicht stur mit Gegenargumenten zu reagieren. Meist ist es viel zielführender, Argumente des Gegenübers zunächst einmal anzunehmen und sie dann in die gewünschte Richtung zu lenken. Stell dir etwa die Situation vor, in der ein beruflicher Kontrahent dich wild attackiert. Statt verkrampft zu kontern, hörst du entspannt zu, gehst dann zunächst auf seine persönlichen Untergriffe ein und antwortest etwa: „Ich verstehe dich natürlich voll und ganz und ..."

Damit
- lenkst du erstens das Gespräch von der emotionell-persönlichen auf die sachliche Ebene,
- signalisierst scheinbaren Konsens mit dem Angreifer und entziehst ihm sein Angriffsziel und
- gewinnst dadurch die Möglichkeit, deine Argumente zum Thema sachlich anzubringen.

[Übung]

Die „weiche" Argumentation

Versuche mit einer Freundin/einem Freund eine Diskussion zu einem Thema zu führen, bei dem ihr unterschiedlicher Meinung seid. Alle Argumente sind zulässig, allerdings müsst ihr das Wort „aber" vermeiden. Ziel ist es, dennoch zu einem Konsens zu gelangen. Tipp: Versucht statt „aber" das Wort „und" zu verwenden. Du wirst überrascht sein, welchen Verlauf das Gespräch nimmt.

Finde deinen Rhythmus

Leben ist Rhythmus: Alles, was anfängt, bahnt sich stets seinen Weg zu dem ihm genau entgegengesetzten Ende – einmal schnell, einmal langsam. So kommt es, das in allem ein bestimmter Rhythmus entsteht. Einatmen/ausatmen, Tag/Nacht, die Jahreszeiten und der Lauf der Planeten, unser Universum folgen zyklischen Bewegungen.

Genauso gibt es Gesetzmäßigkeiten, denen die Handlungen unserer Gegner unterworfen sind. Und auch jeder Kampf folgt einem bestimmten Rhythmus. Das Wissen um den Rhythmus wird dir einen entscheidenden Vorteil verschaffen.

Bevor wir uns dem Rhythmus des Gegners widmen, ist es wichtig, zunächst unseren eigenen Rhythmus zu verbergen. Ein gleichmäßiger Rhythmus macht berechenbar. Beim Shinergy-Training lege ich großen Wert darauf, den „gebrochenen Rhythmus" zu unterrichten. Anstatt die Techniken in einer rhythmischen Abfolge anzuwenden, werden die Kämpfenden dazu angehalten, ihren Bewegungsrhythmus ständig zu verändern – durch Beschleunigen oder durch Verlangsamen der Bewegungen. Dadurch wird es dem Gegner unmöglich, sich auf einen Bewegungsablauf einzustellen und darauf zu reagieren.

Krieger sind unberechenbar.

Im Alltag bedeutet dies, dass wir unseren eigenen Rhythmus nicht sichtbar machen. Dass wir Phasen der Schwäche nicht in alle Welt hinausposaunen oder durch unser Verhalten erkennen lassen sollten. Ebenso kann es aber klug sein, sich in Momenten der Stärke zurückhaltend zu verhalten und so den Gegner im Ungewissen über unseren Zustand zu lassen. Im nächsten Schritt können wir bei aufmerksamer Beobachtung erkennen, welchem Rhythmus zwischen stark und schwach der Gegner unterworfen ist.

Auch die Atmung kann uns den Rhythmus des Gegners verraten: Während beim Ausatmen höchste Kraftentfaltung möglich ist, wird ein Gegner beim Einatmen leicht verwundbar. Daneben sind auch die Aufmerksamkeit und sogar die Aktivierungsfähigkeit der Muskulatur einem natürlichen Rhythmus unterworfen. Das werden wir später noch zu nützen lernen.

Krieger erkennen den Rhythmus des Gegners.

Mit Shinergy-Trainierenden mache ich gerne folgenden Test: Ich lasse sie in Kampfstellung am Stand extrem auf- und abwippen, so wie manche Wettkämpfer es gerne tun. Dabei entsteht ein leicht erkennbarer Rhythmus.

- In der oberen Position mit gebeugten Knien und vorgespannter Beinmuskulatur steht der Kämpfer fest verwurzelt. Er kann jederzeit loslegen und meinen Angriff parieren. Die obere Position ist also die starke Phase des Rhythmus.

- In der unteren Position sind die Knie durchgestreckt, ein schnelles Starten oder Kontern ist unmöglich. Die untere Position ist daher die schwache Phase des Rhythmus, in der der Kämpfer am leichtesten angreifbar ist.

Jeder Rhythmus besteht demnach grob aus zwei Phasen: aus einer stärkeren und einer schwächeren Phase. Die einzelnen Phasen wechseln einander, je nach Rhythmus, früher oder später ab. So wie jedem Einatmen sicher ein Ausatmen folgt, so sicher ist auch, dass eine starke Phase der schwachen folgen wird und umgekehrt. Auch im Alltag begleitet uns dieser Rhythmus. Jeder Mensch hat starke und schwache Phasen.

Verteidige dich taktvoll

Wie du diese Kenntnis um den gegnerischen Rhythmus einsetzt, ist davon abhängig, ob du angreifen oder auf den Moment zur erfolgreichen Verteidigung warten möchtest.

- Arbeitest du defensiv auf eine erfolgreiche Verteidigung hin, musst du deinen eigenen Rhythmus dem des Gegners angleichen: Wenn der Gegner in einer starken Phase ist, könnte er dich angreifen. Also solltest du auch stark sein, um ihn abwehren zu können.
- Willst du hingegen einen effektiven Gegenangriff starten, solltest du dich um einen zum Gegner gegengleichen Rhythmus bemühen: Wenn du in der starken Phase bist, kannst du dann erfolgreich angreifen, wenn sich der Angreifer gerade in seiner schwachen Phase befindet.

[Übung]

Taktvoll

Bild 1: gleicher Rhythmus. In dieser Position ist ein Angriff möglich, allerdings befindet sich auch der Gegner (rechts im Bild) in einer starken Phase und kann sich gut verteidigen.
Bild 2: gegengleicher Rhythmus. Während sich der eine Kämpfer in der starken Position befindet und jederzeit angreifen kann, ist

der andere Kämpfer in der Position mit gestreckten Knien ziemlich wehrlos.

Bild 1

Bild 2

Krieger verteidigen sich im Gleichklang.

In harmonischen zwischenmenschlichen Beziehungen ist ein gleichartiger Rhythmus von Vorteil. Paare, bei denen ein Morgenmensch auf einen ausgesprochenen Abendmenschen trifft, können ein Lied davon singen. Auch erfolgreiche Beziehungen zu Mitarbeitern basieren auf einem gleichartigen Rhythmus.

Aber auch bei vermeintlichen Gegnern sollten wir uns um einen gleichartigen Rhythmus bemühen, wenn wir Energie sparen und uns auf eine erfolgreiche Verteidigung beschränken wollen. Dafür gilt es eine Verbindung zum Gegenüber aufzubauen, indem man seine Körperhaltung, Atmung, Stimme und Wortwahl möglichst genau nachahmt. So wird harmonische, „gleichschwingende"

Kommunikation möglich. Dies lässt sich leicht bestätigen, wenn du etwa zwei Menschen genau beobachtest, die sich in vertrautem Ton unterhalten: Du wirst erstaunt sein, wie sehr sich die beiden in den oben beschriebenen Punkten einander anpassen.

[Übung]

Gemeinsame Wellenlänge

Um im Takt zu bleiben, solltest du auf Augenhöhe bleiben. Inspirierende Gespräche sind nur auf gleicher Augenhöhe möglich. Nicht nur bei Kindern solltest du darauf achten, ja nicht „von oben herab" zu sprechen. Du kannst viel besser auf jemanden eingehen, wenn du seine Körpersprache imitierst. Passe deine Körperhaltung, Sprache, Stimmhöhe und Lautstärke immer dem jeweiligen Gegenüber an. Dann wird man dir auch besser zuhören.

Hast du es allerdings mit Gegnern zu tun, bei denen jeder Versuch einer partnerschaftlichen Lösung von Problemen sinnlos erscheint, ist ein vernichtender Gegenangriff oft der einzige Ausweg.

Krieger kontern unerwartet.

Um den Gegner in einer verwundbaren Phase effektiv angreifen zu können, musst du dich um einen gegengleichen Rhythmus bemühen, auf das Prinzip der Umkehrung vertrauend. Wenn der Gegner in eine schwache Phase fällt, befindest du dich in der stärkeren Position. Und greifst überraschend an.

Ein Beispiel: ein Gespräch in angespannter Atmosphäre. Dein Gesprächspartner redet auf dich ein, macht dir Vorwürfe. Er ist in der starken Phase. Was kannst du tun? Entweder hart auf hart zurückbrüllen (gleicher Rhythmus). Oder den gegengleichen

Rhythmus suchen: Du hältst dich bewusst zurück und gibst dich schwach, während der Gegner stark ist. Pflichtest verständnisvoll den Argumenten des Gegners bei und wartest gelassen, bis er schwach wird. Nütze die Zeit, um Argumente zu sammeln. Früher oder später wird sich dein Gegner in Widersprüche verwickeln, einen Fehler machen, nachlassen. Dann schlägst du zu: mit vernichtenden Gegenargumenten, sachlichen Einwänden, einem direkten Gegenangriff zur richtigen Zeit.

Führe den Gegner

Wenn deine Gesundheit oder gar dein Leben bedroht ist, darfst du nicht darauf vertrauen, einem fairen Kampfgegner gegenüberzustehen. In einem realen Kampf gibt es keine Regeln. Und um dein höchstes Gut – dein Leben – zu schützen, muss jedes Mittel recht sein.

Um den gegnerischen Rhythmus jederzeit willkürlich beeinflussen zu können, solltest du erfolgreiches Täuschen lernen. Natürlich gehört Täuschung nicht zum Repertoire des gutbürgerlichen Benimmhandbuchs. In bedrohlichen Situationen kann sie aber dein Leben retten.

Grundlage für das bewusste Beeinflussen des gegnerischen Rhythmus sind die sogenannten „Spiegelneuronen". Spiegelneuronen sind Teile im Hirnstamm, dem ältesten Teil des menschlichen Gehirns, die dafür sorgen, dass wir jede Muskelspannung, die wir außerhalb von uns wahrnehmen, sofort durch eigene Muskelaktivität imitieren und „spiegeln". Die Reaktion läuft dabei reflexartig ab und kann vom bewussten Denken nicht unterbunden werden. Dieser Prozess ist eine Erklärung für viele Phänomene. Kinder lernen Bewegungen zum Beispiel durch die

Beobachtung von Bewegungen ihrer Eltern, die sofort zu einer Aktivierung der entsprechenden Muskulatur im kindlichen Organismus führt. Auch der bekannte Umstand, dass Lachen ansteckend ist, basiert auf der Aktivierung durch eigene Spiegelneuronen. Dieser Reflex ist durchaus sinnvoll. Schon vor Urzeiten, wenn der Säbelzahntiger aus dem Dickicht sprang, konnten unsere Vorfahren mit Hilfe der Spiegelneuronen ihre Muskulatur aktivieren. Und reagieren. Für die Kampfkunst ist diese Erkenntnis von großem Wert. Die Tatsache, dass jede deiner Muskelspannungen zu einer gleichzeitigen Gegenspannung in der Muskulatur des Gegners führt, kannst du perfekt zur Verteidigung nutzen. Du kannst den Rhythmus des Gegners dadurch jederzeit bewusst steuern.

Dein eigener Wille geschehe.

Grundlage dafür ist das Shinergy-Prinzip der „geführten Bewegung", wobei durch ein bewusstes Erzeugen eigener Körperspannung die entsprechende Gegenreaktion beim Gegner ausgelöst und genutzt werden kann.

Eine Täuschung, die beispielsweise einen Angriff andeutet und den Gegner sofort in eine starke Abwehrreaktion zwingt, kann die Verteidigung entscheidend erleichtern, wenn du die gegnerische Kraft nutzt.

[Beispiel]

Kraft verstärken

Wenn ich zum Beispiel dem Gegenüber durch eine angedeutete Stoßbewegung gegen seine Brust einen Angriff vortäusche, werden sofort seine Spiegelneuronen aktiviert. Der Gegner wird reflexartig alle Muskelgruppen anspannen, um der erwarteten Stoßbewegung entgegenzuwirken. Er wird sich mir entgegenstemmen. Das kann ich leicht nutzen. Indem ich seiner Kraft noch ein wenig Energie hinzufüge und meine Stoßbewegung in eine gegengleiche Zugbewegung umwandle, werde ich mein Gegenüber leicht aus dem Gleichgewicht bringen. Seine körperliche Konstitution spielt dabei überhaupt keine Rolle. Immerhin bediene ich mich ja nur seiner Kraft.

Aber auch das bewusste Hineinziehen des Angreifers in eine schwache Phase seines Rhythmus kann dir die entscheidende Chance zur Verteidigung geben. Dazu heißt es nur den richtigen Moment abzuwarten.

Die starke Abwehrhaltung, die durch unsere Täuschung hervorgerufen wurde, wird sich, dem natürlichen Gesetz des Rhythmus folgend, früher oder später in eine schwache Position umkehren. Diese Umkehr kannst du entspannt abwarten, um den eigentlichen Angriff genau zum richtigen Zeitpunkt einzuleiten.

[Beispiel]

Gegenkraft erzeugen

Wenn ich, wie im letzten Beispiel, wieder einen Stoß gegen die Brust meines Gegenübers vortäusche und die Bewegung überraschend abbreche, passiert etwas äußerst Interessantes: Der Gegner reagiert durch den Reflex seiner Spiegelneuronen mit einem Gegendruck und spannt die Muskelgruppen an, die dem erwarteten Druck genügend Widerstand bieten. In dem Moment, in dem ich die Bewegung aber unterbreche, wird mein Gegenüber sofort seine rückwärtige Muskulatur aktivieren, um nicht die Balance zu verlieren und nach vorne zu fallen. Wenn ich diesen Moment abwarte und dann zustoße, kann ich meinen Partner leicht wegstoßen. Manche machen dabei sogar einen richtigen Satz nach hinten und es scheint, als hätte ich übermenschliche Kräfte. In Wirklichkeit ist es aber reine Physiologie und der Gegner springt mit Hilfe seiner eigenen Muskulatur, die das Fallen nach vorne bremsen wollte. Ich füge dem nur noch ein wenig Energie hinzu.

Diese beiden Prinzipien – „Kraft verstärken" und „Gegenkraft erzeugen" – lassen sich perfekt auf subtile Konflikte des Alltags übertragen: Ob auf persönlicher oder beruflicher Ebene – geschickt vorgetäuschte Angriffe zwingen den Gegner in eine starke Abwehrhaltung, in eine Phase der Gegenspannung. Wenn du diese Gegenspannung verstärkst, kannst du auch gegen weitaus überlegene Angreifer bestehen.

Krieger bewegen ihre Gegner.

Wichtig ist nur, dass du weißt, dass dein Gegenüber mit einer deinem angedeuteten Angriff entgegengerichteten Aktion reagieren wird. Das bedeutet, dass deine Täuschung dem eigentlichen Ziel auch gegengerichtet ist. Eltern kleiner Kinder kennen diesen Umstand. Jedes vehemente Verbot wird sofort mit der entsprechenden Gegenreaktion beantwortet. Das funktioniert bei Erwachsenen genauso gut. Vor allem bei Meinungsverschiedenheiten und im Streit.

Du kannst aber nach deiner Täuschung auch den Druck wegnehmen und gelassen dabei zusehen, wie dein Gegenüber mit einer rettenden Gegenkraft seine aufgebauten Widerstände zu kompensieren versucht. Danach kannst du sofort deinen tatsächlichen Gegenangriff starten.

Die eindrucksvolle Wirkung dieses Prinzips erlebte ich in einem meiner Seminare. Damals erarbeitete ich mit den beiden Vorstandsdirektoren einer Firma, die dem Mutterunternehmen einen hohen Geldbetrag schuldeten, eine Strategie zur bevorstehenden Verhandlung. Die beiden Direktoren des unterlegenen Tochterunternehmens wollten das Zahlungsziel noch um zwei Wochen verschieben, während der hierarchisch höhergestellte General

Manager des Mutterunternehmens auf sofortiger Zahlung beharrte. Unsere Strategie war die folgende: Die beiden Vorstandsdirektoren eröffneten die Verhandlung mit der Zusage zur sofortigen Überweisung des noch offenen Betrages und untermauerten ihre Argumente durch reumütige Zugeständnisse ihrer Nachlässigkeit. Und wie reagierte der General Manager? Der war auf immensen Widerstand eingestellt gewesen und fand sich plötzlich in einer völlig unerwarteten Situation der Widerstandslosigkeit wieder. Als Reaktion auf den fehlenden Widerstand lenkte er sofort ein und schwenkte in die Gegenrichtung um. Er beruhigte die beiden Vorstandsdirektoren und verlängerte das Zahlungsziel um noch zwei Wochen.

SIEGE SOUVERÄN

Lass dich vom Sieg nicht berauschen

In vielen Kampfkunstschulen konnte ich es schon beobachten: Der hochgraduierte Meister wehrt einen Angriff ab, setzt gekonnt einen Konterschlag und – dreht dem Angreifer danach völlig teilnahmslos den Rücken zu.

In einer realen Kampfsituation kann es lebensgefährlich sein, seine Aufmerksamkeit zu früh vom offenbar besiegten Gegner wegzulenken. Oft ist der Gegner nur vorübergehend außer Gefecht gesetzt oder täuscht uns absichtlich eine Schwäche vor.

In der Tradition der Kriegskünste kommt daher der Fähigkeit zum „Zanshin" höchste Bedeutung zu. Zanshin ist ein Geisteszustand höchster Aufmerksamkeit, in dem wir uns idealerweise im Moment des Sieges befinden. Der Gegner ist besiegt. Wir haben die hundertprozentige Kontrolle der Situation und sind bereit, jederzeit die letzte vernichtende Bewegung auszuführen, sollte der Gegner auch nur die Absicht andeuten, den Kampf fortzusetzen. Obwohl wir uns in der Position der absoluten Dominanz befinden, ist unsere Aufmerksamkeit vollkommen auf den Gegner gerichtet.

> Gerade nach dem Sieg bleiben Krieger aufmerksam, damit sich der Triumph nicht in eine Niederlage wandelt.

Auch im Alltag solltest du dich davor hüten, nach dem Sieg die Aufmerksamkeit vom Kontrahenten abzuziehen und deine Phase der Dominanz dadurch zu unterbrechen. Bleibe so lange auf den Gegner konzentriert, bis du dich in Sicherheit befindest.

Lass den Gegner sein Gesicht wahren

Beim Shinergy-Training lege ich großen Wert auf den respektvollen Umgang der Trainierenden miteinander. Besonders gegenüber Unterlegenen. Bei Kampfsportturnieren beobachte ich hingegen oft Kämpfer, die das Publikum beeindrucken wollen, indem sie schwächere Gegner absichtlich verletzen oder demütigen.

Manche Menschen reagieren auch im Alltag oft übertrieben, wenn sie mit anderen Ansichten konfrontiert werden. Sind sie überlegen, wollen diese Menschen ihre Überlegenheit so lange wie möglich auskosten: Obwohl sie ihren Standpunkt längst dargelegt haben, versuchen sie den anderen regelrecht in den Boden zu stampfen. Erniedrigt räumt dann der Gegner das Feld, ewige Feindschaft schwörend.

Krieger respektieren Unterlegene.

Denke immer daran, dass du im Kampf wie im Alltag einmal auf der Sieger-, einmal auf der Verliererseite sein wirst. Nach einem Kampf zollen Krieger ihrem Gegner immer Respekt. Solange sie den Gegner – auch den unterlegenen – respektieren, erlauben sie ihm, sein Gesicht zu wahren. Und die Niederlage zu akzeptieren. Ein Gegner, der sein Gesicht verliert, wird dich nie als Sieger akzeptieren, sondern alles daransetzen, die Erniedrigung irgendwann zu rächen. Und der Kampf wird niemals ein Ende finden.

Lerne aus der Niederlage

Fortgeschrittene Shinergy-Kämpfer trainieren den Kontaktkampf mit einer Schutzausrüstung, die Verletzungen vermeidet. Nach jedem guten Treffer wird der Kampf unterbrochen, der getroffene Kämpfer verbeugt sich respektvoll vor seinem Übungspartner. Dieses Ritual symbolisiert Eigenverantwortung in höchster Form. Denn hätte der Unterlegene die korrekte Abwehrbewegung ausgeführt, hätte er keinen Treffer kassiert. Statt sich über den anderen zu ärgern, bedankt sich der Getroffene für die wertvolle Lektion zur eigenen Verbesserung.

Kleinere und größere Niederlagen gehören zum Leben. Aufgaben, die wir nicht bewältigen, Auseinandersetzungen, in denen wir den Kürzeren ziehen, eigene Ansprüche an uns selbst, denen wir nicht gerecht werden – es gibt keinen Menschen, der nicht mit solchen Situationen konfrontiert wäre. Was allerdings den großen Unterschied macht, ist, wie wir mit solchen Niederlagen umgehen. Viele Menschen wählen die schlechteste Variante: Sie überhäufen sich mit Selbstvorwürfen, haben ein furchtbar schlechtes Gewissen, schämen sich ausgiebig und schwören sich, nie wieder in eine ähnliche Situation zu kommen.

Auch die zweitschlechteste Variante hat ihre Tücken: Manche Menschen verschließen vor Niederlagen ihre Augen so weit, dass sie sie gar nicht wahrnehmen. In diese Kategorie gehören etwa jene Anhänger des positiven Denkens, die sich hartnäckig weigern, sich negative Erfahrungen einzugestehen. Selbstgerecht und stets mit einem positiven Spruch auf den Lippen tappen sie immer wieder ins selbe Fettnäpfchen. Und berauben sich jeder Möglichkeit, aus ihren Fehlern zu lernen. Es gibt allerdings auch die Variante der Krieger: Sie analysieren die Sache genau, überlegen, was sie hätten besser machen können, und suchen vielleicht sogar ähnliche Situationen, um ihr neu erworbenes Wissen anzuwenden. Das erspart es ihnen, endlos über ein Was-wäre-gewesen-wenn-Szenario nachzudenken. Stattdessen sind sie bald wieder bereit für einen neuen Versuch, nicht zuletzt deshalb, weil sie sich mit neu erworbener Erfahrung auch besser gerüstet fühlen.

> Im Spiel der Gezeiten erwachen die Krieger, denn erst die schwere Stunde zeigt die wahren Sieger.

Wahrscheinlich erinnerst du dich nicht mehr daran, aber es gab eine Zeit in deinem Leben, da hast du genau nach der Krieger-Variante gehandelt. Als kleines Kind nämlich. Etwa als du gehen gelernt hast: Du bist umgefallen, wieder aufgestanden, hast ein paar Schritte gemacht und bist wieder umgefallen. Und trotzdem hast du nie aufgegeben. Was dir die Sache erleichtert hat, war natürlich der Umstand, dass du nicht wie ein Erwachsener darüber gebrütet hast, ob du es womöglich nie lernen wirst. Du hast einfach getan, was getan werden musste. Und bist einfach wieder aufgestanden. Krieger bewahren sich diese Einstellung ihr ganzes Leben lang. Sie werten Niederlagen nicht als persönliche Beleidigung, sondern einfach als Ergebnis ihres Tuns. Die ehrliche Analyse dieses Ergebnisses erlaubt es ihnen, immer wieder Neues zu lernen. Denn sieben Mal umzufallen bedeutet, sieben Mal wieder aufzustehen.

[Übung]

Nach einer scheinbaren Niederlage ...

1. Definiere genau, was nicht geklappt hat.
2. Analysiere, warum genau dieses Resultat eingetreten ist.
3. Überlege, ob du mit einem anderen Verhalten zu einem anderen Resultat gekommen wärst. Lag es überhaupt in deiner Macht, zu einem anderen Ergebnis zu kommen?
4. Wenn du die Sache beleuchtet hast, lass sie los. Freu dich über die neue Erfahrung und versuche es noch einmal.

ERKENNE DICH SELBST IM GEGNER

- Vervollkommne dich
- Erleuchte die Schatten
- Bändige die Dämonen
- Finde deinen Frieden

VERVOLLKOMMNE DICH

Vereine die Gezeiten

In nahezu allen Hochkulturen längst vergangener Zeiten suchten Eingeweihte nach allgemeingültigen Prinzipien, die einen sicher durch die Wogen des Lebens leiten. Der sagenhafte Hermes Trismegistos etwa gilt als der Urvater esoterischer Weisheitslehren und verewigte im alten Ägypten die Essenz allen esoterischen Wissens auf edlen Smaragdtafeln. Die Kernaussage „wie oben, so unten" seines Textes Tabula Smaragdina liefert den Schlüssel zu tieferer Erkenntnis. Und stellt ein universelles Grundprinzip vor, auf das auch die Weisen vieler anderer Kulturen vertrauten: das Polaritätsprinzip. Demnach entsteht die scheinbar unüberblickbare Wirklichkeit erst im Zusammenwirken von nur zwei gegensätzlichen Kräften, die einander bedingen und ergänzen.

Auch nach fernöstlicher Lehre ist die Welt eine Einheit, erst die Vereinigung von Gegensätzen ergibt die Ganzheit. Im Symbol dafür, im Tao-Zeichen, bilden gegensätzliche und ineinandergreifende Hälften einen Kreis. Die Energie des Yin, des Weiblichen, Weichen und Ausdehnenden, steht ständig in Interaktion mit der Energie des Yang, des Männlichen, Harten und Zusammenziehenden.

Tao – die Einheit (Yin-Yang-Symbol)

Yin: Ausdehnung, Entspannung, Ruhe, innen, empfangend, still, weiblich, groß, kalt, leicht, weich, dunkel, älter, langsamer, besinnlich

Yang: Zusammenziehung, Spannung, Bewegung, außen, gebend, aufgeweckt, männlich, klein, warm, schwer, hart, hell, jünger, schneller begeistert

Das Shinergy-S stellt dieses Polaritätsprinzip symbolhaft dar.

Sprenge die Grenzen

Natürlich stellen die beiden Pole nur die extremen Ausprägungen der universellen Urkräfte dar und sollen nicht dazu verleiten, sich im trivialen Schwarz-weiß-Denken zu verlieren. Zwischen den Polen gibt es ein unendliches Spektrum an Farben und Schattierungen. Aber die Essenz ist immer auf das Zusammenwirken der beiden Pole zurückzuführen. Und schafft gleichzeitig die unendliche Vielfalt deiner Wirklichkeit.

Die beiden Pole sind demnach relative Begriffe. Nichts ist ausschließlich „Yin". Nichts ist ausschließlich „Yang". Die Zuordnung spiegelt nur eine grundsätzliche Tendenz wider. Etwas kann nur „Yin" in Bezug auf etwas anderes sein. Das ermöglicht erst die Orientierung. Du kannst „wärmer" eben nur verglichen mit „kälter" spüren, „heller" nur im Vergleich zu „dunkler" wahrnehmen.

Auch unser abendländisches Denken ist geprägt von einer prinzipiellen Gegensätzlichkeit, in der Begriffspaare wie gut und böse oder Himmel und Hölle wirken. Dabei gehen wir aber davon aus, dass etwas, das gut ist, nicht gleichzeitig böse sein kein. Der Himmel ist zu hundert Prozent wunderbar, die Hölle absolut furchtbar. Entweder oder – man muss sich entscheiden.

Das Polaritätsprinzip unterscheidet sich von diesem dualistischen Denken aber insofern, als die einzelnen Kräfte immer nur in Verbindung mit ihrem jeweiligen Gegenpol existieren. So wie etwa Elektrizität erst durch die Spannung zwischen zwei Polen – dem positiven und dem negativen Pol – entsteht. Nimmst du nun einen Pol weg, gibt es auch keine Elektrizität. Das bedeutet: Nichts kann einfach nur Yin oder Yang, schwarz oder weiß, weiblich oder männlich, böse oder gut sein.

Immer sind beide Pole gleichzeitig vorhanden. In jeder „bösen" Handlung und Eigenschaft steckt zugleich ein Funke des „Guten", und alles „Gute" birgt gleichzeitig auch „schlechtes" Potenzial. Du solltest dich daher vom einschränkenden Entweder-oder verabschieden und es durch ein einschließendes Sowohl-als-auch ersetzen. Das wird dich sofort von jeglicher hemmenden Beschränkung befreien.

Das beste Beispiel für die uneingeschränkte Wirkung dieses Prinzips ist dein eigenes Atmen. Nicht umsonst ist „Atem" die Übersetzung des lateinischen Wortes „Spiritus", das gleichzeitig auch „Geist" und „Seele" bedeutet. Du atmest regelmäßig ein und aus. Die Pole des Einatmens und des Ausatmens sind dabei völlig gleichwertig. Du würdest sie nie bewerten und schon gar nicht auf die Idee kommen, dich nur auf einen Pol zu beschränken und den anderen völlig zu ignorieren. Um beispielsweise ab jetzt nur mehr auszuatmen. Und wenn du dich noch so anstrengst, irgendwann wirst du mit Sicherheit doch wieder einatmen müssen.

In Wirklichkeit ist alles eins.

Viele Menschen plagen sich im täglichen Leben damit herum, krampfhaft an ihrem Glauben festzuhalten, die Realität durch stures Beharren auf nur einem bestimmten Teil der Wirklichkeit beeinflussen zu können. Doch entkommen kann man der Polarität sowieso nicht. Hat man sie allerdings erst einmal erkannt, kann man sich darin frei bewegen. So wie das Einatmen vom Ausatmen abhängt, hängen alle Erscheinungen der Wirklichkeit von ihrem Gegenpol ab. Das eine kann ohne das andere gar nicht existieren. Doch wie ist das mit unserem Bewusstsein? Unserem Denken?

Wechselbild

Was siehst du? Eine Vase? Zwei Gesichter? Obwohl ständig beide Bilder vorhanden sind, zwingt uns unser Denken zu einer Entscheidung: Welche Form wir wahrnehmen, hängt davon ab, was wir zum Hintergrund machen. Entweder die Vase oder die Gesichter.

Dabei ist jedoch die eine Form von der anderen Form abhängig. Nimmt man eine Form weg, verschwindet auch die andere: Nimmt man die Vase weg, so verschwinden auch die beiden Gesichter.

Unsere Wahrnehmung ist ausgrenzend. Das heißt, obwohl Einheit vorhanden ist, können wir niemals die Welt in ihrer Ganzheit wahrnehmen. Wie bei der Abbildung der Vase und der Gesichter sehen wir immer nur eine Seite, obwohl ständig beide vorhanden sind. Doch bei diesem Bild wissen wir von den beiden Seiten. Im Leben oft nicht. Das bereitet uns nicht selten Probleme. Und ruft unseren mächtigsten Gegner auf den Plan.

ERLEUCHTE DIE SCHATTEN

Entlarve deinen Verfolger

Du hast es weit gebracht. Hast deinen Geist geschärft, deinen Körper gewappnet und den Zugang zu den Quellen deiner innersten Kraft gefunden. Du beherrschst jetzt sogar die hohe Kunst des Kampfes und kannst deinen persönlichen Freiraum auch gegen Angreifer verteidigen.

Jetzt besitzt du die Kraft eines Kriegers. Und willst sie sicherlich gleich nützen, um selbstbestimmt deine innersten Visionen zu verwirklichen. Im Glauben, dass nichts und niemand dich mehr aufhalten kann.

Ich muss dich warnen. Denn auch wenn du dein Handwerk jetzt beherrschst. Es gibt noch einen einzigen Gegner, der dich vom Weg abbringen kann. Einen Gegner, der mächtiger, stärker und furchterregender ist, als du es dir vorstellen kannst. Einen Gegner, der dich schon die ganze Zeit über verfolgt und im Verborgenen hinterhältig auf seine Chance wartet, um dich in die tiefsten Abgründe zu ziehen. Und dich gnadenlos angreifen wird, wenn du es am wenigsten erwartest.

Dein mächtigster Gegner
steht genau hinter dir.

Er wird besonders dann gefährlich, wenn du dich in Sicherheit wiegst und im Scheinwerferlicht deiner strahlenden Persönlichkeit sonnst. Um ihn zu entlarven, musst du dich nur kurz einmal umdrehen. Und deinem eigenen Schatten tief ins finstere Auge blicken.

Fordere die Finsternis

Wir haben von uns selbst ein mehr oder minder deutliches Bild vor Augen: Ich bin tüchtig, selbstbewusst, mutig, intelligent. Irgendwann im Leben haben wir uns entschlossen, diese Eigenschaften zu erwerben, und deren Gegenteil aus unserem Bewusstsein verbannt. Klarerweise ernten wir für diese Wahl jede Menge Beifall von unseren Mitmenschen: Es ist gut, tüchtig und selbstbewusst und mutig zu sein, es ist schlecht, faul und ängstlich zu sein.

Das Problem dabei: Wir können zwar unerwünschte Eigenschaften aus unserem Bewusstsein verbannen – verschwinden lassen können wir sie nicht. So wie kleine Kinder beim Versteckspiel glauben, dass sie unsichtbar sind, wenn sie sich die Augen zuhalten, meinen viele Menschen, sie könnten unerwünschte Eigenschaften ganz leicht loswerden, indem sie diese einfach ignorieren.

Wo Licht ist, da ist auch Schatten.

Dieses Nicht-akzeptieren-Wollen führt aber keineswegs zum Verschwinden unserer unerwünschten Eigenschaften – wir verdrängen sie lediglich in einen unbewussten und dunklen Bereich, in unseren „Schatten". Dieser Schatten ist nicht gerade sympathisch, hat er doch alle Eigenschaften, die wir nicht besitzen wollen, die uns verhasst sind.

In deinem Schatten befinden sich all die Bereiche deiner Persönlichkeit, die keinen Ausdruck finden, im Unterbewusstsein schlummern oder vehement abgelehnt werden. Unterdrückte Gefühle, heimliche Bedürfnisse und seelische Verletzungen nähren dieses Ungeheuer. Und werden diesem immer mehr Macht geben. Denn der Schatten ist gnadenlos. So wie kleine Kinder beim Versteckspiel nicht gewinnen, wenn sie bloß die Augen schließen, können auch wir nur verlieren, wenn wir uns der „negativen" Anteile in uns nicht bewusst werden. Denn was passiert, wenn wir diese Eigenschaften in uns immer wieder leugnen? Diese Eigenschaften werden immer mächtiger, treten aus dem Schatten heraus und verselbstständigen sich in einer unkontrollierbaren Art und Weise. Sie zwingen uns zur Wahrheit. Und zum Kampf.

Zugegeben, es ist nicht gerade einfach zu akzeptieren, dass in jedem von uns eine faule, genusssüchtige, ängstliche, verletzliche, aggressive oder gierige Seite steckt. Doch die absolute Ablehnung bestimmter Bereiche unserer Persönlichkeit führt mit Sicherheit dazu, dass wir diese in irgendeiner Art und Weise ausleben werden müssen. Beobachte selbst: Extreme Moralisten sind oft heimlich ausschweifend, verbissene Gesundheits- und Fitnessapostel oft krank und manchmal übernehmen wir einst verhasste Eigenschaften später einmal selbst.

Auch wenn dir einige zahnpastalächelnde Gurus und Motivationstrainer freudig in Büchern, Seminaren und Vorträgen das Gegenteil versichern – es gibt keinen leichten Weg, mit deinem Schatten fertigzuwerden. Es ist vielmehr eine der wichtigsten und schwersten Aufgaben des Kriegers, sich mit seinem eigenen Schatten auseinanderzusetzen.

> Krieger stellen sich der größten Herausforderung: der Konfrontation mit dem eigenen Schatten.

Jedes Heldenepos beschreibt in symbolischer Sprache diese Konfrontation. Der Held muss zuerst in das Schattenreich hinabsteigen, muss gegen Drachen, Dämonen oder andere Ungeheuer antreten, bevor er ins Licht treten kann, um Übermenschliches zu vollbringen. Wegschauen oder Flucht ist sinnlos. Nur wer hinabsteigt in die dunkelsten Höhlen seines Bewusstseins, kann Erkenntnis erlangen und sein volles Potenzial entwickeln.

Verneige dich vor dem Feinde

Beim Shinergy-Training versetze ich die Teilnehmer in eine reale Kampfsituation. Viele sind dabei zum ersten Mal mit so einer Situation konfrontiert. Anders als im täglichen Leben gibt es keine Möglichkeit, durch „Schleichwege" die Flucht zu ergreifen – man ist jetzt ganz auf sich alleine gestellt, um die Situation zu meistern.

Nach der Kampfübung verbeugen sich die Kontrahenten voreinander und drücken damit ihren Respekt und ihre Dankbarkeit gegenüber dem Gegner aus. Beim Shinergy-Kampftraining ist der Gegner nämlich wie ein Spiegel, in den wir blicken – jedoch nicht in gewohnter Art und Weise. Wenn wir uns betrachten, sehen wir üblicherweise alle Eigenschaften, die wir so gerne an uns mögen: Fleiß, Selbstvertrauen und Friedfertigkeit zum Beispiel. Die Konfrontation im Kampf zeigt uns jedoch auch die andere Seite: Wir verspüren plötzlich Angst und Aggression und werden gezwungen, auch diese Seite an uns zu bemerken.

Erst wenn wir diese Eigenschaften annehmen, können wir lernen, konstruktiv damit umzugehen. Wer im Kampf beispielsweise zu aggressiv agiert, kann die jeweilige Situation nicht mehr klar beurteilen. Er kämpft zu hitzig und unterliegt einem gelassenen Gegner. Solche Muster bewusst wahrzunehmen ist eine der wichtigsten Übungen von Shinergy.

Wie kannst du also im täglichen Leben deinen Schatten erkennen? Ganz einfach! Genauso wie den Gegner im Kampftraining können wir im Alltag unsere Mitmenschen als Spiegel nützen. Besonders jene, die wir überhaupt nicht ausstehen können. Was wir im Inneren bekämpfen, bekämpfen wir nämlich nach außen hin mit der gleichen Leidenschaft. Alles, womit wir selbst unsere Probleme haben, stört uns im höchsten Maße auch an anderen Personen.

Krieger erkennen sich selbst im Feinde,
den Gegner als Spiegel.

Wenn wir unseren inneren Schweinehund ständig unterdrücken, werden uns faule Menschen zur Weißglut treiben. Wer sich selbst ab und zu genügend Muße zugesteht, den regen Faulpelze nicht sonderlich auf.

[Übung]

Nütze den Gegner als Spiegel

Wenn dich etwas besonders aufregt, ist das meist Ausdruck eines unbewussten Bereichs deiner Persönlichkeit – deines „Schattens". Am besten „erleuchtest" du diesen in folgenden vier Schritten:

1. BESCHREIBUNG
Was genau stört dich besonders an anderen Menschen? Was regt dich maßlos auf? Die Unpünktlichkeit deiner Mitarbeiter, die selbstbewusste Überheblichkeit deines Vorgesetzten?

2. WIDERSTÄNDE AUFLÖSEN
Betrachte jetzt die aufgelisteten störenden Eigenschaften und versuche die positiven Anteile darin zu finden. Was können diese

Menschen, die unerwünschte Eigenschaften besitzen, besonders gut? Zeigt die Unpünktlichkeit etwa einen sorgloseren Umgang mit der eigenen Zeit? Kann es sich der Vorgesetzte vielleicht leisten, seine eigene Meinung zu vertreten?

3. SCHRITT: PROJEKTION
Bezieh jetzt die erkannten Eigenschaften auf dich.
Würdest du eventuell auch gerne ein wenig freier über deine Zeit verfügen können und hetzt stattdessen fremdbestimmt von einem wichtigen Termin zum nächsten?
Würdest du gerne viel öfter zu deiner Meinung stehen können und bist meist dazu einfach nur zu feige?

4. SCHRITT: INTEGRATION
Nachdem du die Ursachen erkannt hast, kannst du dich um Versöhnung bemühen. Und deine Persönlichkeit in vollem Glanz erstrahlen lassen. Gesteh dir Neues zu und erlaube dir das bisher Untersagte:
Etwa: „Ich kann mit meiner Zeit umgehen, wie immer ich möchte. Und ich werde mir jetzt auch einige Stunden der Muße gönnen. Dann trödle ich herum, verliere mich im Unwichtigen oder hänge einfach nur ab. Ich bin!"
Oder: „Ich akzeptiere andere Meinungen, werde aber immer zu meinen eigenen Grundwerten und Idealen stehen. Wenn diese Ehrlichkeit in meiner Firma nicht erwünscht ist, dann suche ich nach einem anderen Job oder erfülle mir in der Selbstständigkeit meine Träume. Ich bin!"

Deine Umwelt wird dadurch zum Spiegelbild. Und du kannst von anderen Menschen am meisten über dich selbst erfahren. Die folgende Tabelle kann dir dabei helfen, ihre Botschaften zu entschlüsseln:

Der Schatten als Lehrmeister	
Das regt dich auf ...	... und spiegelt vielleicht wider ...
aggressives Verhalten	Konfrontationsfähigkeit, Durchhaltevermögen
autoritär	selbstverantwortlich
bevormundend und weiß immer alles besser	unterstützend, zeigt Lücken auf
immer im Mittelpunkt stehend, vorlaut	initiativ, selbstbewusst, kontaktfreudig
unsensibel, egoistisch	konsequent, zielstrebig
konfliktscheu	diplomatisch, übt Laisser-faire
unflexibel	beständig, verlässlich
abwertend und kritisierend	aufrichtig, direkt und konstruktiv
träumerisch, unrealistisch	ist Visionär, Vordenker, kreativ
wechselhaft und unbeständig	lebendig und flexibel
passiv, zurückhaltend	bescheiden, ist guter Zuhörer
misstrauisch	hinterfragend, lösungsorientiert

Um unser volles Potenzial auszuschöpfen, müssen wir Grenzen überwinden und den Schatten integrieren. Wir müssen uns mit ihm aussöhnen. Dieser Schritt wird dir unglaubliche Energiereserven bringen. Wenn du dich mit deinem Schatten verbündest, wird er dir bei der Entfaltung deines vollen Potenzials als Mitkämpfer zur Seite stehen. Das heißt natürlich nicht, dass du ab jetzt jede Erniedrigung und Unzulänglichkeit deiner Mitmenschen immer devot hinnehmen musst. Natürlich wirst du dich von einem Mitarbeiter, der permanent zu spät kommt, bald verabschieden. Deine Entscheidung ist dann aber auch völlig situationsbezogen, berechtigt und regt dich nicht mehr sonderlich auf. Du nimmst es jetzt nicht mehr persönlich.

BÄNDIGE DIE DÄMONEN

Wandere mit wilden Weggefährten

Am Eingang buddhistischer Tempel stehen oftmals Statuen aus Stein von bedrohlich wirkenden Dämonen. Diese Dämonen symbolisieren unsere inneren Feinde. Für unseren Schatten – die Kräfte in uns, gegen die wir ständig ankämpfen. Und wirken daher auch immer ziemlich furchterregend.

Dabei galten Dämonen im Griechenland längst vergangener Zeit als heilig. Die Bezeichnung leitet sich vom griechischen Wort „daimon" ab und bedeutete göttliche Schicksalsmacht und Wesenheit, die dem Menschen schützend zur Seite steht. Erst das Christentum des frühen Mittelalters verurteilte die Dämonen als Kräfte des Bösen, die, als Feinde des göttlichen Guten, verachtet, gefürchtet und bekämpft wurden. Und führte einen erbitterten Glaubenskrieg gegen die Mächte der Finsternis. Die Folgen kann man nur unschwer an den zahlreichen Verbrechen und dem unendlichen Leid unter dem Deckmantel christlicher Nächstenliebe erkennen.

Auch in alten Legenden und vielen Märchen geht es wie besessen darum, die Dämonen zu besiegen. Der Held steigt hinab ins Schattenreich, um den Drachen zu töten. Gerne identifiziert man sich mit dem siegreichen Helden. Und verbaut sich damit jegliche Chance, die eigenen Dämonen zu erkennen und sich mit ihnen zu verbünden.

Dann kämpft man auch im Innersten gnadenlos gegen die Dämonen Angst, Zorn, Neid und Zweifel. Und verleiht ihnen dadurch immer Macht. Denn nur wenn wir unsere Dämonen akzeptieren, können sie uns in schwierigen Zeiten helfen.

Krieger nützen ihre Dämonen als Verbündete in der Schlacht.

In den folgenden Kapiteln fordere ich dich dazu auf, dich mit den Dämonen Angst und Zorn einzulassen. Um sie in treue Gefährten in schwerer Stunde zu verwandeln.

Umarme deine Angst

Die beste Technik zur Selbstverteidigung ist völlig nutzlos, wenn in Gefahrensituationen Angst deinen Körper lähmt. Shinergy legt daher besonderen Wert auf die Entwicklung einer Geisteshaltung höchster Aufmerksamkeit und Handlungsfähigkeit in Angst- und Stresssituationen. Denn obwohl Angst, als natürliche Reaktion auf eine Bedrohung, durchaus eine positive Wirkung hat, indem sie deine Sinne aktiviert und innerste Energiereserven mobilisiert, kann sie im schlimmsten Fall zu einer Totalblockade und Handlungsunfähigkeit führen.

Angst kann beflügeln und lähmen. Deshalb ist es entscheidend, deine Ängste als natürlichen Schutz zu nutzen und gleichzeitig Strategien zu entwickeln, damit sie dich nicht lähmen.

Der erste Schritt ist, dass du dir deine Angst eingestehst. Das ist nicht immer leicht. Denn Angst wird oftmals als Schwäche angesehen. Da kann ich dich aber beruhigen: Jeder hat im Falle eines Angriffes und im Kampf Angst; wer sie nicht zeigt, verbirgt sie nur hinter einer perfekten Fassade.

Die Angst ist dein Freund.

Deine Ängste nicht wahrhaben zu wollen, wird unweigerlich dazu führen, dass du sie in dein Unterbewusstsein verdrängst, sie sich dort verselbstständigen und schließlich unkontrolliert hervorbrechen. Anstatt die Angst zu bekämpfen und sie zu unterdrücken, ist es daher viel sinnvoller, sie dir einzugestehen. Anstatt deine Ängste zu verneinen, solltest du diese besser als guten Freund ansehen, der dich in entscheidenden Situationen wachrüttelt, sodass du deine innersten Kräfte mobilisierst und kein zu großes Risiko eingehst.

Doch meist ist es gar nicht die Angst vor einem Ereignis oder einer Situation, die uns lähmt. Oft ist es die Furcht davor, der Ängstlichkeit überführt zu werden, die unser Handeln einschränkt. Wenn du dir und anderen nie eingestehst, dass du manchmal Angst hast, und meinst, immer den Helden markieren zu müssen, kommt zur tatsächlichen Angst auch noch die Furcht dazu, dass jemand deine Ängstlichkeit entdecken könnte. Gestehe daher vor anderen ruhig ein, dass du dich vor etwas fürchtest. Man wird deinen Mut, wenn du dann trotzdem zur Tat schreitest, umso mehr bewundern.

Vernichte deine Furcht

Im Moment hast du keine Sorgen, jetzt hast du nichts zu befürchten! Wenn du dich immer wieder mit voller Aufmerksamkeit dem gegenwärtigen Augenblick widmest, wird dich schon bald ein Gefühl der Ruhe, Gelassenheit und Klarheit erfüllen. Denn im Augenblick haben weder Sorgen um die Zukunft noch Ängste eine Daseinsberechtigung.

Sie strecken aber aus der Zukunft ihre Fänge nach dir aus. Wir sorgen uns um unsere Existenz, um die Karriere und darum, unsere Ziele irgendwann zu erreichen. Wir fürchten uns vor der nächsten Wirtschaftskrise, vor schwerer Krankheit und davor, dass die Welt bald untergeht. Dabei geht es uns im Moment eigentlich ganz gut. Oder bist du jetzt gerade an Leib und Leben bedroht?

Deine schlimmsten Ängste sind eigentlich nur ungeladene Gäste aus der Zukunft. Zugegeben, große Angst wird hervorgerufen, wenn die Bürodecke plötzlich einstürzt, du überfallen wirst oder deine Familie zu verhungern droht. Aber dies sind begründete Ängste und sie mobilisieren mit Sicherheit große Kräfte. Du könntest mit einem Satz aus dem Büro springen, dem Angreifer in Weltrekordzeit davonlaufen und deiner Familie aus der Not helfen.

Im Moment aber scheint alles ruhig zu sein. Und trotzdem verhalten sich die meisten, als würde gerade die Welt untergehen. Fast alle Ängste entstehen durch ein ständiges Abschweifen unserer Gedanken in die Zukunft und sind zunächst einmal nur Befürchtungen.

Wir fürchten uns vor etwas, das vielleicht irgendwann einmal passieren könnte. Den beiden Energievampiren Furcht und Sorge können wir aber die Kraft entziehen, indem wir uns voll auf den gegenwärtigen Augenblick konzentrieren.

Ein wenig Angst zu haben ist berechtigt und aktiviert dich in der Not. Dann kannst du immer noch tun, was zu tun ist. Krieger haben Angst und handeln trotzdem.

Krieger unterscheiden zwischen Angst
und Befürchtung.

Wenn dich Panik erfasst, überlege, wovor du gerade Angst hast. Ist deine Angst im Moment begründet oder wurzelt sie vielleicht doch nur in der Vorstellung zukünftiger Szenarien? Versuche dir den Augenblick bewusst zu machen. Widme dich dann mit voller Aufmerksamkeit einer alltäglichen Tätigkeit oder führe die Übung „Einfach nur stehen" aus.

In einer unmittelbaren Angstsituation kannst du auch deine Aufmerksamkeit voll und ganz nach außen konzentrieren. Nimm möglichst genau wahr, was rund um dich passiert. Bei der Selbstverteidigung fokussierst du deine Aufmerksamkeit etwa auf den Angreifer und die Umgebung. Konzentriere dich auf seine Größe, seine Augenfarbe, Details seiner Kleidung sowie Geräusche und Details der Umgebung. Das wird deine Aufmerksamkeit sofort auf den Augenblick lenken und dich von den lähmenden Schreckensszenarien, „was alles passieren könnte", befreien.

Beweise wahren Mut

Angst wird in unserer Gesellschaft gerne als Schwäche angesehen. Und oft wird Angst als das Gegenteil von Mut definiert. Landläufig glaubt man, dass mutige Menschen mutig handeln, weil sie keine Angst kennen. Diese Sichtweise ist nicht nur falsch, sondern auch gefährlich. Tatsache ist: Mut bedeutet nicht, etwas zu tun, weil man keine Angst hat, sondern etwas zu tun, obwohl man Angst hat.

> Mut bedeutet, Angst zu spüren und trotzdem zu handeln, wenn es nötig ist.

Mutige Menschen zeichnen sich in Wahrheit dadurch aus, dass sie ein Risiko bewusst eingehen, obwohl sie Angst haben. Wahrer Mut bedeutet also nicht, sich blind in Gefahr zu begeben, sondern sich bewusst und kalkuliert auf eine ungewohnte Situation einzulassen. Krieger haben Angst und handeln dennoch, wenn es nötig ist.

[Übung]

Mut-Training

Mut ist wie ein Muskel. Wird er nie eingesetzt, verkümmert er zusehends. Man muss ihn trainieren. Wie beim Muskeltraining solltest du allerdings mit geringeren Belastungen beginnen und diese nur langsam, aber stetig steigern: Statt sich sofort mit dem Schlimmsten zu konfrontieren, ist es besser, sich in Ruhe damit auseinanderzusetzen.

Erstelle deinen persönlichen Mut-Trainingsplan: Such dir eine Herausforderung, die dir Angst macht, die du aber trotzdem bewältigen willst.

- Mach dich zunächst theoretisch mit der Situation vertraut. Wenn du Angst hast, vor einem Publikum zu sprechen, könntest du dir zum Beispiel Literatur zum Thema Rhetorik besorgen.
- Hast du das Gebiet theoretisch studiert, kannst du mit der Praxis beginnen und zum Beispiel ein Seminar besuchen, in dem Sprechen vor anderen trainiert wird.
- Dann beginne, die Belastung langsam, aber sicher zu steigern. Du könntest eine Rede vor Freunden halten, vor Kollegen oder im Verwandtenkreis.

Erstelle dir auf diese Art einen persönlichen Trainingsplan gegen deine innersten Ängste.

Trotzdem wird es immer wieder vorkommen, dass du in Situationen gerätst, in denen dich deine Angst lähmt. Schuld daran ist ein rapider Anstieg der Stresshormone in deinem Blut. Um handlungsfähig zu bleiben, musst du daher darauf achten, diesen hormonellen Überschwang zu kontrollieren. Und das geht am besten mittels körperlicher Bewegung. Aktivität trägt zu einer Senkung der lähmenden Stresshormone bei. Und hält dich für das Ergreifen von notwendigen Maßnahmen beweglich. Achte daher darauf, in Situationen, die dir Angst machen, in Bewegung zu bleiben.

Jede körperliche Tätigkeit kann helfen, Stresshormone abzubauen. Vielleicht kannst du ja eine kurze Auszeit erwirken, die du im Nebenraum mit Kniebeugen und Liegestützen nützt. Auch schon das bewusste und für andere unsichtbare An- und Entspannen einzelner Muskelgruppen und eine intensive Atembewegung können helfen. Die folgende Übung wird im Notfall dafür sorgen, dass dein Körper schneller lähmende Stresshormone abbaut, ohne dass du dich für andere sichtbar bewegst.

[Übung]

Adrenalin ade!

Diese Übung solltest du in ruhigeren Zeiten immer wieder machen. Dann wird sie dir in Angstsituationen Unterstützung bieten.

Setz dich aufrecht auf einen Stuhl und versuche einzelne Muskelgruppen kurz anzuspannen, um sie anschließend wieder völlig zu entspannen. Beim Einatmen spannst du an, beim Ausatmen entspannst du gleich wieder. Versuche diesen Vorgang relativ schnell mit einer hechelnden Atmung auszuführen. Wiederhole den Wechsel von An- und Entspannung 10 Mal und arbeite dich auf diese Weise durch den ganzen Körper. Zum Abschluss spannst du deinen ganzen Körper beim Einatmen fest an, um ihn beim Ausatmen wieder völlig zu entspannen. Und wiederholst auch dies 10 Mal.

Zähme deinen Zorn

Der Mensch neigt dazu, unterdrückte Emotionen zu kompensieren, indem er sie auf andere projiziert. Wenn man selbst mit etwas nicht klarkommt, sucht man die Schuld dafür gerne bei den anderen. Aus verdrängten Ängsten entstehen auf diese Art Wut und Zorn. Unsere moderne Gesellschaft tendiert dazu, Emotionen zu bewerten und unerwünschte Gefühle wie Aggression und Wut zu verdrängen. In unserer „kultivierten" Welt gibt es ja auch keine Chance mehr, mit seiner Wut umgehen zu lernen. Da heißt es zu entsprechen. Und zu schweigen. Und das beginnt sehr früh. Schon von Kindern wird verlangt, jede kleine Streiterei im Sandkasten in abgeklärtem Gleichmut zu reflektieren und zu zerreden. Mädchen wird eingetrichtert, dass frau nicht raufen darf. Und Jungen haben es auch nicht viel leichter. Und müssen ihre unbändige Wut über die zerstörte Sandburg unter den elterlichen Floskeln pädagogischer Hirngespinste begraben. Die Eltern meinen es ja nur gut. Doch der Zorn wird immer größer. Gewalt, Streitigkeiten und Aggression bestimmen den modernen Alltag. Die Wut richtet sich dabei gegen andere Menschen, ausgewählte Gruppen, Nationen oder das System. Hauptsache, man findet einen Schuldigen. Manche gehen sogar noch einen Schritt weiter. Die aggressivsten Handlungen sind im Alltag meist solche, die eigentlich gar nicht stattfinden. Unterlassene Hilfeleistung, Lieblosigkeit und präpotente Teilnahmslosigkeit sind aggressiver und verletzender als so manche handfeste Auseinandersetzung.

Einige versuchen ihre Wut zu verbergen und den Schein einer friedfertigen Persönlichkeit zu wahren. Um dann zumindest den Kellner oder die Kassiererin vom Supermarkt wie den letzten Dreck zu behandeln.

Dabei ist Aggression weder gut, noch ist sie grundlegend schlecht. Es kommt wie immer darauf an, wie man damit umgehen lernt. Ein gesundes Maß an Aggression ist nötig, um überhaupt irgendetwas in Angriff nehmen zu können. Das Wort leitet sich vom lateinischen „aggredior" – an etwas herangehen – ab. Aggression wird dem Planeten Mars zugeordnet und steht für Antrieb und Schaffenskraft. Ohne ein Minimum an Aggression wären wir völlig antriebslos und wehrlos. Und ohne ein gesundes Maß an Aggression wären wir niemals in der Lage, uns zu verteidigen. Aggression heißt aber auch, in schwierigen Zeiten durchzuhalten, eine Nacht durcharbeiten zu können, wenn es darauf ankommt, oder nachts aufzustehen, wenn das Baby wieder einmal weint.

> Aggression kann deine letzten Kraftreserven mobilisieren.

Doch ein Übermaß kann nicht nur unseren Mitmenschen schaden, es kann uns auch an der Verwirklichung unserer eigenen Ziele hindern. Nämlich dann, wenn aggressive Emotionen uns so sehr beeinträchtigen, dass wir nicht mehr imstande sind, unsere Umwelt klar wahrzunehmen, sondern nur noch rotsehen und uns blind in einen Kampf stürzen. Trotzdem ist es ein sinnloses Unterfangen, seine Wut zu verdrängen. So wie kleine Kinder glauben, dass sie unsichtbar sind, wenn sie sich die Augen zuhalten, glauben viele Erwachsene, dass sie ihre Aggression einfach unterdrücken können. Verdrängte Aggression verschwindet aber keineswegs, sondern wird sich früher oder später ein anderes Ventil suchen und dann womöglich völlig unserer Kontrolle entgleiten.

Den eigenen Zorn und innerste Aggressionen bewusst zu akzeptieren, ist ein mutiger Schritt. Erst dann kann man konstruktiv damit umgehen lernen. Das Shinergy-Training zielt daher nicht darauf ab, Aggression abzubauen, indem man blind vor Wut auf einen Sandsack oder einen Gegner einschlägt. Genauso wenig geht es darum, zwanghaft nett zueinander zu sein und sich auf freundschaftliche Scheinkämpfe zu beschränken. Vielmehr lernen die Trainierenden, sich ihrer innersten Aggressionen bewusst zu werden. Und damit umzugehen. Sie lernen, dass gut kämpfen und aggressiv kämpfen im Widerspruch zueinander stehen, weil ein Übermaß an Aggression die Wahrnehmung negativ beeinflusst und die eigene Kraft blockiert.

Der erste Schritt ist also, sich seine eigene Wut erstmals einzugestehen, anstatt sie auf andere zu projizieren.

[Übung]

Gestehe

Bemüh dich im Alltag darum, aufkommende Wut zu artikulieren. Achte dabei auf eine höfliche und gleichzeitig bestimmte Form und beginne deine Aussagen immer mit: „Ich bin wütend …" Versuche dann so ruhig wie möglich die Gründe für deinen Zorn darzulegen und deinem Gegenüber konstruktive Lösungsmöglichkeiten anzubieten. Etwa: „Ich bin wütend, weil ich glaube, dass …" und „Ich wünsche mir, dass …" Da du keinen Satz mit dem Wort „du" beginnst, verzichtest du dabei auch auf jegliche Schuldzuweisungen. Das wird dem Gespräch sofort die Anspannung nehmen.

Die ständige Schuldzuweisung ist eben auch die Grundlage für Aggression und der Nährboden für Groll. Völlig unabhängig davon, ob man die Schuld gerne außen sucht oder gar sich selbst fertigmacht, unsere Wut und Aggressionen richten sich immer gegen irgendetwas, das als schlecht betrachtet wird. Der Schlüssel zum konstruktiven Umgang mit Zorn liegt daher auch in der Erreichung einer Geisteshaltung, in der es gar keine Abwertungen und Schuldzuweisungen mehr gibt: der Dankbarkeit.

Du kannst nicht gleichzeitig dankbar und wütend sein.

Du kannst allerdings auch nicht gleichzeitig dankbar sein und irgendjemandem für irgendetwas die Schuld geben. Letztendlich kannst du nicht dankbar und gleichzeitig unglücklich sein. Das sind wohl Gründe genug, um dich regelmäßig in Dankbarkeit zu üben.

[Übung]

Dankstelle

Am besten führst du dieses Ritual am Morgen vor dem Aufstehen durch.

Schließ deine Augen und mach dir für einige Augenblicke das wundervolle Geschenk deines Lebens bewusst. Dafür alleine kannst du dankbar sein. Egal wie bewegt und fordernd die Zeiten auch sein mögen, du hast einen weiteren Tag geschenkt bekommen, um dich den Herausforderungen zu stellen. Und kannst dein Bestes geben. Betrachte auch während des Tages immer wieder dankbar deine Umwelt. Die Menschen, die dir nahestehen, deine

Wohnung, deinen Arbeitsplatz, die fremden Menschen in der U-Bahn oder spielende Kinder im Park. Jeder Mensch gibt dir die Möglichkeit zur Dankbarkeit. Am Abend, vor dem Schlafengehen, wird dieses Ritual für eine entspannende Nachtruhe sorgen. Ruf dir dann alle Ereignisse und Menschen ins Bewusstsein, die dich während des Tages wütend gemacht haben, danke für die wertvollen Lektionen und für die Chance, daran wachsen zu können, wissend, dass du immer dein Bestes gegeben hast und jeder deiner Mitmenschen auch.

Die Fähigkeit zur Dankbarkeit wird dein Leben verändern. Denn letztendlich wurzeln Wut und Aggression immer auch in einem Gefühl von Mangel und Leere. Man ärgert sich über verpasste Chancen, über Dinge, die anders als erwartet laufen, und den Umstand, dass andere sich nicht so verhalten, wie wir das wollen. Im Zustand der Dankbarkeit jedoch richtest du deinen Blick auf die Fülle. Auf die vielen Chancen, unendlichen Möglichkeiten und das Vertrauen darauf, dass alles gut wird. Auf die Fülle deines Lebens.

FINDE DEINEN FRIEDEN

Verwandle Blei zu Gold

Nur wenn wir Mut zur Konfrontation mit unseren innersten Schatten und den Herausforderungen des Lebens beweisen, können wir unseren Horizont erweitern. Und das Leben in vollen Zügen genießen. In dem Moment, in dem wir unsere äußeren Gegner und Konflikte als Spiegel unserer selbst erkennen, gibt es ja auch nichts und niemanden mehr, gegen den wir kämpfen müssten.

Aus diesem Grund gehören das bewusste Wahrnehmen und natürlich auch das Akzeptieren der Polarität der Welt zum Leben. Wenn man tief eingeatmet hat, kann man besonders genussvoll ausatmen. Nur wer sich mit den Themen Kampf und Aggression konfrontiert, kann mit ihnen umgehen lernen und sie als Kraftquelle nutzen. Und echten Frieden finden. Weltflucht zählt nicht.

Viele Esoteriker versuchen trotzdem vehement diesen Aspekt zu ignorieren und entziehen sich lieber mit weltfremder Spiritualität jeglicher Konfrontation. In lethargischer Selbstgefälligkeit werden oft unendlicher Friede und uneingeschränktes Verständnis proklamiert. Zumindest solange es nicht um die eigenen Bedürfnisse geht. Dann wird das engelhafte Antlitz schnell zur Teufelsfratze. Es wird gekämpft, intrigiert und gemobbt, was das Zeug hält.

Shinergy fordert die mutige Konfrontation mit den innersten Bereichen der menschlichen Persönlichkeit, die in unserer Gesellschaft gerne verdrängt werden: mit Kampf, Angst und Aggression.

Aus dem Mut zur Konfrontation erwächst gleichzeitig die Chance zur Weiterentwicklung.

Durch die praktische Anwendung der Shinergy-Methode und den respektvollen Umgang mit dem Übungspartner entsteht aus dem anfänglichen Konflikt die verbindende Kooperation. Der Gegner und der äußere Konflikt werden als Spiegel von inneren Barrieren und Blockaden erkannt. Aus dem anfänglichen „gegeneinander kämpfen" wird ein verbindendes „miteinander üben". Und du wirst deinen Frieden finden.

Kämpfen zu können bedeutet, nicht mehr kämpfen zu müssen.

Die Einheit ist allgegenwärtig. Und echter Frieden schließt Gewalt immer auch mit ein. Mahatma Gandhi wusste das. Die Ikone aller Pazifisten und Menschenrechtler beendete 1947 die britische Kolonialherrschaft über Indien. Mit einem völlig gewaltfreien Widerstand. Und er wies dennoch immer wieder darauf hin, dass ein mutiger und gewaltbereiter Mensch dem Frieden meist viel näher ist als ein schwacher und feiger Mensch mit schlummerndem Aggressionspotenzial. „Der Gewalttätige kann wenigstens darauf hoffen, eines Tages gewaltlos zu werden. Der Feigling hat diese Möglichkeit nie", predigte er eindringlich. Er forderte die Menschen dazu auf, ihre Gewalt und Aggression zu transformieren, um als wahrhaftig gewaltfreie und starke Persönlichkeiten für Freiheit, Gerechtigkeit und Liebe einzutreten. Gandhi war ein Krieger.

Du musst dich mit deinen innersten Ängsten und Aggressionen auseinandersetzen, um inneren Frieden zu finden. Außerdem hast du längst das konstruierte Ego deiner fremdbestimmten Persönlichkeit erkannt. Und musst überhaupt nicht mehr kämpfen. Nur dein in der Dualität verhaftetes Ich betrachtet das Leben als Schlachtfeld. Es streitet, kämpft und schützt sich vor allem und jedem. Alleine dieser Teil deiner Persönlichkeit sucht den Kampf. Und findet ihn überall. Denn du glaubst, alle sind gegen dich. Das Universum ist gegen dich, alle anderen sind gegen dich und sogar dein eigenes Ich scheint sich gegen dein inneres Selbst verschworen zu haben. Wenn du dich aber von der Illusion einer Trennung von Ich und Du befreit hast und dich als vollkommenen Teil des Ganzen anerkennst, hast du alles, was du brauchst – Glück, Selbstvertrauen und Freiheit. Dann musst du erst gar nicht darum kämpfen. Und kannst in voller Pracht erblühen.

Der Lotos erblüht im Sumpf.

Die wunderschöne Blüte des Lotos gilt in vielen alten Weisheitslehren als Symbol für innere Kraft, Schönheit, Energie und ursprüngliche Vitalität. Doch der Lotos blüht ausschließlich in schlammigem und sumpfigem Boden. Stellt man die Pflanze in klares Wasser, wird sie schon nach kurzer Zeit verwelken. Der Sumpf steht für die Schattenseiten unserer Persönlichkeit, für ungeliebte Bereiche unseres Ichs, für Bedürfnisse und Eigenschaften, die wir am liebsten verbergen, verleugnen und unterdrücken. Doch genau wie bei der Blüte des Lotos sind die Persönlichkeitsanteile deines Schattens der notwendige Nährboden zur Entwicklung deiner inneren Blüte – deiner ursprünglichen Energie, Kraft und Vitalität.

Als Krieger hast du die magische Kraft, aus der destruktiven Macht des Kampfes echten Frieden zu schaffen. Du wirst zum

Alchimisten, der Blei in Gold zu verwandeln vermag. Um vielleicht sogar einmal Erleuchtung zu finden. Zumindest aber Glück, Freiheit und Frieden.

Ruhe im Gleichmut

Wenn es dir in manchen Momenten gelungen ist, deine innersten Widerstände gegen vermeintliche Gegner aufzulösen, hast du vermutlich ein sehr angenehmes Gefühl der Vollkommenheit verspürt: einen Zustand ruhiger und aktiver Konzentration auf den Augenblick. Frei von Befürchtungen und Bewertungen anderer, hundertprozentig auf deine Aufgabe fokussiert, setzt du deine Kraft ein. Nichts kann dich ablenken. Du fühlst dich eins mit dem, was du tust, und deiner Umwelt. Du lässt dich nicht hetzen, weil du weißt, dass du bestmöglich an die Situation herangehst. Du hast den wunderbaren Zustand der Gelassenheit und des Gleichmutes erreicht. Dieser erlaubt es dem Krieger, auch im Kampfgetümmel nicht den Überblick zu verlieren, seine Kräfte optimal einzusetzen und so sein Leben zu verteidigen.

Den Kriegern im modernen Alltag hilft Gelassenheit, im Temporausch der globalen Kommunikationsgesellschaft einen klaren Blick für sich selbst und die Wertigkeiten in ihrem Leben zu bewahren. Am Beginn des dritten Jahrtausends sehen wir uns mit einer Vielzahl von Kulturen, Weltanschauungen und Glaubensrichtungen konfrontiert. Noch nie hatte der Einzelne so sehr die Chance, selbstbestimmt zu handeln. Wir haben die Wahl, wie wir unser Leben gestalten wollen.

Leider entsteht dadurch bei vielen der Eindruck, alles sei machbar. Man muss nur lange genug meditieren, trainieren, sparen, das Richtige essen und positiv denken – dann wird alles gut. Eine

Flut von Ratgebern verspricht rasch umsetzbare Patentrezepte für jede Lebenslage. Daraus entsteht nicht selten ein Machbarkeitswahn, der auf Dauer zu enormem Stress führt. Aggressiv und radikal werden Ziele verfolgt. Rückschläge werden ausschließlich auf persönliches Versagen zurückgeführt, Überforderung und Versagensängste sind die Folge.

Die Reaktion ist nicht selten eine Flucht in die entgegengesetzte Weltanschauung: Der Einzelne fühlt sich vom Schicksal überrannt, übrig geblieben, zu kurz gekommen. Ein Gefühl der Ohnmacht gegenüber den Ereignissen lässt solche Menschen vor dem Schicksal resignieren – bis zur Selbstaufgabe. Durch Flucht in esoterische Weltanschauungen will man sich der Konfrontation mit der Umwelt entziehen. Solche Menschen finden sich mit ihrem Schicksal ab, obwohl sie mit ihm hadern. Sie berauben sich so jeder Möglichkeit, aktiv an der Veränderung ihrer Lage zu arbeiten. Krieger meiden das eine wie das andere Extrem. Sie haben gelernt, ihrem stärksten Gegner ins Auge zu blicken, nämlich sich selbst. Das bedeutet nicht, dass sie sich weltfremder Nabelschau hingegeben haben oder sich den Fügungen des Schicksals ausgeliefert sehen. Ganz im Gegenteil: Sie haben gelernt, sich mit ihren Stärken und Schwächen anzufreunden. Sie haben ihre Ziele definiert.

Krieger betrachten auch ihre Umwelt genau. Sie entwickeln Strategien und Techniken, mit deren Hilfe sie sich unter schwierigen Umständen behaupten können. Dennoch erkennen sie mit Demut gegenüber dem Leben die Unvollkommenheit, die ihnen als Individuum gegeben ist. Sie lassen sich nicht von fremden oder eigenen Idealen unter Druck setzen, kennen ihr eigenes Tempo und wissen, dass sie nie auslernen werden. Sie begreifen das Leben als Weg zur Vervollkommnung, die doch nie ganz erreicht werden kann. Trotzdem hören sie nicht auf, danach zu streben.

Krieger vereinen den Mut zum Unvollkommenen und die Liebe zum Ideal.

So geraten Krieger nicht in Gefahr, die Demut ihrer Umwelt gegenüber zu verlieren und sich einem Machbarkeitswahn hinzugeben. Sie verzweifeln allerdings auch nicht in Selbstaufgabe gegenüber einem als unüberwindbar gesehenen Schicksal. Sie handeln in Gleichmut – einer der höchsten Tugenden eines Kriegers.

Gelassenheit im Spannungsfeld von Anspruch und Realität

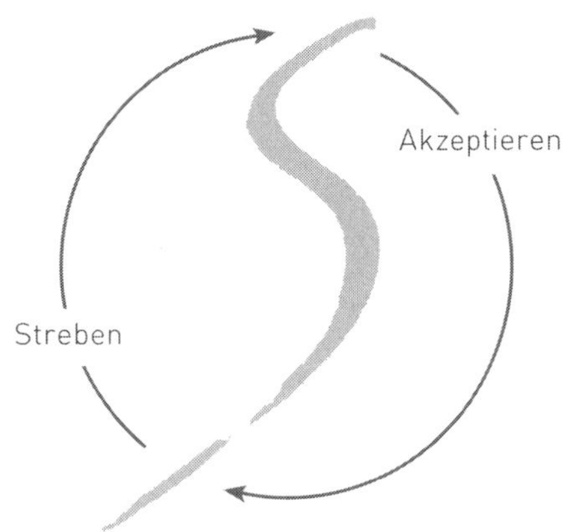

Verbissenes Streben nach dem idealen Ziel führt zu einem Machbarkeitswahn. Radikalismus, Aggression und unbelehrbares Handeln sind die Folgen.

Passives Akzeptieren des unvollkommenen Ist-Zustandes bedeutet Selbstaufgabe und Antriebslosigkeit, die jeder Weiterentwicklung im Wege steht.

Nur durch die Balance von Streben nach einem Ziel und gleichzeitigem Akzeptieren des momentanen Ist-Standes entstehen die Gelassenheit und der Gleichmut der neuen Krieger.

Mit Gelassenheit ist nicht gemeint, dass Krieger dem Leben teilnahmslos oder gleichgültig gegenüberstehen, dass sie bestimmten Dingen und Situationen keinen Wert beimessen. Für Krieger ist Gelassenheit vielmehr ein Zustand höchster Aktivität. Gelassenheit bedeutet warten können auf den rechten Augenblick – obwohl wir unsere Ziele, Erwartungen und Hoffnungen vor Augen haben. Gelassenheit ist ein Zustand, in dem wir jederzeit zu blitzschneller Reaktion bereit sind – sobald die Zeit dazu reif ist. Um diesen Zustand der Gelassenheit und des Gleichmutes zu erreichen und Zugang zur Kraft des Kriegers zu finden, ist es nötig, die Balance zwischen zwei Polen zu erreichen: dem Streben nach dem idealen Ziel und dem Akzeptieren des noch unvollkommenen Ist-Zustands; du weißt, wo du hinwillst, akzeptierst aber deinen derzeitigen Standort. Das ist das optimale Energieniveau zur Verwirklichung eines erfüllten Lebens, die Quelle der Kraft der neuen Krieger, der ursprünglichen Energie, Vitalität, Intuition, Weisheit und Lebensfreude.

DURCHDRINGE DIE DUNKELHEIT

- Schreite zur Tat
- Sei das Licht

SCHREITE ZUR TAT

Trainiere dein Sein

Shin bedeutet im Japanischen „Herz" und „Geist". Mit „Geist" bezeichnen wir hierzulande meist rationales, intellektuelles Verständnis. In den Kampfkünsten bedeutet der Begriff eher „Geistbildung" im Sinne von fortschreitender Erkenntnis und deren tatsächlicher Anwendung. Dies bedeutet: Bildung, Wissen und Erkenntnis, die aus Büchern und im Unterricht gewonnen werden, sind zwar ein wichtiger, aber nur ein erster Schritt. Der Krieger muss über das rein Theoretische hinauswachsen. „Geistbildung" findet dann statt, wenn sich die Theorie in der Praxis niederschlägt und dadurch erst wirklich erfahrbar wird. Daraus folgt: Bildung und Erkenntnis bekommen ihren wahren Wert erst durch den Bezug zum Leben des Lernenden.

Die Wortkombination Shinergy unterstreicht auch diese dynamische Wechselwirkung zwischen Erlangung von Erkenntnis und ihrer Umsetzung in die Tat. Erst die tatsächliche Anwendung der Shinergy-Prinzipien macht sie erfahrbar, wirkungsvoll und fruchtbar für den Alltag. Krieger ersetzen die Theorie und handeln!

Krieger trainieren alles!

Erst wenn es dir gelingt, die Grundsätze in den Herausforderungen des modernen Alltags anzuwenden, wirst du die volle Kraft des Kriegers entwickeln. Eine Mutter mit drei Kindern, ein Mensch, der eine Sucht überwindet, Kranke, die ihr Schicksal meistern – sie alle sind der Kraft des Kriegers meist viel näher als Möchtegernkampfsportler mit unzähligen Medaillen, die nur auf der Trainingsmatte eine gute Figur machen.

Es müssen nicht dramatische Ereignisse sein, die uns dazu bringen, unseren Geist weiterzubilden. Auch kleinere Vorkommnisse können dazu beitragen. Voraussetzung ist aber immer unsere Bereitschaft zur Konfrontation und aktiven Auseinandersetzung mit uns selbst und unserer Umwelt. Manche Menschen trainieren zwei bis drei Mal die Woche im Fitnesscenter. Andere verschlingen unzählige Bücher und versuchen sich durch die regelmäßige Teilnahme an Seminaren weiterzuentwickeln.

Krieger trainieren immer!

Manche halten sich für „Erleuchtete", die wissen, wie man die Welt verbessert, jede Menge Kurse zur Selbsterkenntnis belegt haben, das Karma ihrer letzten zehn Wiedergeburten aufgearbeitet haben – und doch versagen, wenn es um die alltäglichsten Anforderungen geht.

Viele Menschen resignieren und finden sich mit ihrem Schicksal ab. Ihnen allen ist eines gemein: die große Angst vor dem Scheitern. Jedes Wagnis birgt notgedrungen auch die Gefahr des Scheiterns in sich. Viele Menschen sind heutzutage von dieser Angst regelrecht gelähmt. Und übertragen den anderen jegliche Verantwortung für das eigene Glück. Um entmündigt dabei zuzusehen, wie andere über ihre Zukunft entscheiden. Wenn es heutzutage jemanden braucht, dann sind es Menschen, die wagemutig voranschreiten und ihr Schicksal selbst in die Hand nehmen. Neue Krieger braucht das Land! Und nur eine einzige Tugend vermag die Angst zu überwinden: der Mut.

Die Kraft des Kriegers zeigt sich also weder in der Theorie und der Unfähigkeit zu handeln noch in weltfremder Askese, sondern in der mutigen Konfrontation mit den Herausforderungen des

Lebens. Krieger handeln. Und wagen das scheinbar Unmögliche. Um im besten Fall einen großen Sieg zu erleben. Aber selbst im schlimmsten Fall, wenn sie scheitern, haben sie zumindest bei einem großen Wagnis versagt und gehören niemals mehr zu den ängstlichen Seelen, die nie etwas für die Erfüllung ihrer Träume riskieren, nie dafür „brennen".

Übernimm die volle Verantwortung

Mit deinem inneren Feuer wirst du auch schwierigere Zeiten leicht überstehen. Vorausgesetzt du übernimmst die volle Verantwortung. Denn wenn es einmal zum Kampf kommt, sind Ausreden nicht mehr gefragt. Nichts und niemand, keine wichtigen Beziehungen, Politiker, hohen Titel, Urkunden oder Versicherungen, können dir im Moment des Kampfes die Verantwortung abnehmen: die Verantwortung zu überleben.

Verantwortung ist ein großes Wort. Der Weg, Verantwortung übernehmen zu lernen, erscheint zunächst sehr steinig zu sein. Als Kinder hatten wir es noch leicht: Wir schrien, wenn wir Hunger hatten, und wurden gefüttert. Wir jammerten, wenn uns kalt war, und wir wurden zugedeckt. Dieses kindliche Verhaltensmuster – wir werden von jemand anderem versorgt, der uns Schutz und Sicherheit bietet – nehmen wir leider viel zu oft in unser Erwachsenendasein mit. Wir benehmen uns wie ein kleines Kind, das zornig ist, wenn die Mutter nicht sofort kommt, wenn es nach ihr ruft. Wir kommen nicht auf die Idee, dass wir als Erwachsene selbst für unser Wohlergehen sorgen müssen. Viele Menschen wollen die Geborgenheit, die sie als kleines Kind genossen haben, nicht aufgeben. Die Elternrolle sollen nun andere übernehmen – der Chef, der Partner, der Freund, der Nachbar oder sogar der Staat – und Anerkennung, Sicherheit und Geborgenheit bieten. Die Verantwortung für unser Glück übertragen wir anderen. Um uns schon bald als entmündigte Marionetten eines uns oft benachteiligenden Gesundheits-, Sozial- und Bildungssystems wiederzufinden.

Und erst wieder darüber zu jammern: „Ich hatte ja nie eine Chance", „Meine Eltern haben mich schlecht behandelt", „Ich hatte die falschen Karten im Leben", „Schuld ist dies und das" – das sind die üblichen Klagen. Näher betrachtet ist kein Schicksal perfekt. Es liegt an uns, etwas daraus zu machen – und die Verantwortung für das eigene Tun zu übernehmen. Verantwortung beginnt aber bereits bei Kleinigkeiten. Wer das gelernt hat, wird auch bei größeren Problemen selbstbestimmt nach Lösungen suchen.

Krieger übernehmen immer
die volle Verantwortung für ihr Schicksal.

Krieger haben den Mut, die volle Verantwortung für ihre gegenwärtige Situation zu übernehmen. So schwierig sie auch gerade zu sein scheint. Und sich nicht mit Schuldzuweisungen aufzuhalten, sondern sich aktiv an die Veränderung der Lebensumstände zu machen. Um irgendwann vielleicht noch den Lauf der Sterne zu erschüttern.

Erschüttere den Lauf der Sterne

Viele unglückliche Menschen sehen ihr Schicksal als ein fix vorgegebenes Drehbuch ihres Lebens an. Viele berufen sich auch gerne auf ihr „schlechtes Karma", wenn Dinge schieflaufen. Doch der Sanskrit-Ausdruck „Karma" bedeutet wörtlich „Handlung".

Und hat überhaupt nichts mit einem von außen aufgezwungenen Schicksal zu tun, gegen das der Mensch machtlos ist. Ganz im Gegenteil. Der Begriff Karma bezieht sich vielmehr auf das mystische Gesetz von Ursache und Wirkung. Demnach haben alle Taten, Worte und sogar die Gedanken eines Menschen Einfluss auf spätere Ereignisse. Diese Ereignisse sind demnach nichts anderes als die Folge vorangegangener Ursachen. Daraus folgt aber auch: Wie schlecht die Situation auch sein mag, in der wir uns befinden – durch unser eigenes Verhalten haben wir jederzeit die Möglichkeit, positive Impulse für die Zukunft zu setzen.

Es kommt viel weniger darauf an, was du jetzt gerade bist, als was du daraus machst.

Jeder kann sein eigenes Karma beliebig verändern. Dein Karma ist der direkte Zusammenhang von gesetzten Ursachen und den entsprechenden Wirkungen. Ob bewusst, heimlich oder unbewusst – jede Ursache wird die volle Wirkung erzeugen, die ihrerseits wieder Ursache für die darauf folgenden Wirkungen ist. Der so entstehende Strudel kann dich leicht nach unten ziehen – in die Finsternis.

Und sorgt dafür, dass du immer wieder mit den gleichen Problemen, Sorgen und Schicksalsschlägen konfrontiert wirst. Bis du daraus lernst, neue Ursachen setzt und das Blatt endlich wendest. Dann wird dich dein Karma auch mit voller Dynamik nach oben befördern – ins Licht.

SEI DAS LICHT

Brenne für deine Berufung

Auf deinem Weg hast du dich bereits von fremdbestimmten Zielen und den Bewertungen anderer befreit. Du hast dir dein eigenes Wertesystem geschaffen, das auf deine Herzensziele und innersten Träume baut. Längst fällige Rechnungen, immer höhere Lebenserhaltungskosten und die Sorge um die eigene Existenz sind aber real. Und so muss man, wohl oder übel, einer regelmäßigen Arbeit zum Broterwerb nachgehen. Und die ist nicht immer spannend. Viele Menschen quälen sich ihr ganzes Leben lang durch eine Berufstätigkeit, die sie in Wirklichkeit überhaupt nicht interessiert, geschweige denn erfüllt. Sie schuften ohne jeglichen persönlichen Bezug für die wirtschaftlichen Interessen großer Konzerne und langweilen sich bei Aufgaben, die ihnen völlig wertlos erscheinen. Um am Abend ausgebrannt und frustriert in die Kissen zu sinken. Und am nächsten Tag erst wieder im Hamsterrad der ständigen Angst vor Armut und sozialem Abstieg davonzulaufen. Bis zur Erschöpfung. So gilt ein Burn-out-Syndrom heutzutage fast schon als Sinnbild für Strebsamkeit und berufliches Engagement.

Doch es ist in Wirklichkeit gar nicht die Überforderung, die uns die Kraft raubt. Ansonsten hätte die Menschheit wohl viele Katastrophen der Vergangenheit kaum überlebt. Was an den Kräften zehrt ist die empfundene Sinnlosigkeit des Broterwerbs. Und die daraus folgende innere Zerrissenheit. In der Freizeit macht man dann das, was man liebt, um am nächsten Morgen erst wieder in die verhasste Zwangsjacke beruflicher Pflichten zu schlüpfen. Und man kann es fast gar nicht erwarten, das beengende Kleidungsstück nach Dienstschluss abzulegen. Um endlich wieder zu leben.

Burn on statt burn out!

Moderne Management-Methoden verweisen schnell auf die sogenannte „Work-Life-Balance". Und ermahnen zum notwendigen Ausgleich zwischen berufsbedingtem Leiden und genügend freier Zeit für Sinn- und Freudvolles. Und so verbringt man die spärliche Freizeit hysterisch mit spiritueller Weiterentwicklung, gesundem Sport und der Pflege noch übrig gebliebener Freundschaften. Doch das geht sich selbst bei einem unterdurchschnittlichen Schlafpensum wegen der zahllosen Überstunden gar nicht aus. Dann hofft man wenigstens im wohlverdienten Urlaub auf Erholung und erliegt erst wieder den massentauglichen Verlockungen durchgeplanter Erlebnisreisen.

Wenn sich hingegen dein Beruf mit deinen eigenen Wertvorstellungen, Talenten und Zielen vereinbaren lässt, wirst du deine Arbeitszeit auch genießen können. Und entfesselst die überwältigende Kraft innerster Motivation. Dein Beruf wird dann zur Berufung.

Eine Möglichkeit, dies zu verwirklichen, ist die berufliche Selbstständigkeit. Dann musst du zwar auf bezahlte Urlaube und Krankenstände verzichten und wirst wahrscheinlich anfangs auch weniger verdienen. Du bist aber deines eigenen Glückes Schmied, befreit von fragwürdigen Entscheidungen deiner Vorgesetzten. Und machst ständig Urlaub. Denn wenn du deine Passion zum Beruf gemacht hast, musst du eigentlich nicht mehr arbeiten. Beruf und Leidenschaft werden perfekt zu deiner Berufung verschmelzen und du kannst ständig du selbst sein.

Der Schritt in die Selbstständigkeit erfordert aber vollen Einsatz und eine sehr hohe Schmerzgrenze. Wer glaubt, eine gute Idee alleine reicht dazu aus, und schon beim Druck der Visitenkarte von einem sorglosen Leben als erfolgreicher Unternehmer träumt, sollte sich mit Menschen treffen, die diesen Schritt bereits gewagt haben. Und sich ihre Geschichten von großen Entbehrungen, Durststrecken und frustrierenden Rückschlägen anhören. Die Entscheidung zur Selbstständigkeit erstickt deshalb oft an der Unsicherheit. Man will kein Risiko eingehen, keine hohen Kredite aufnehmen und vertraut stattdessen lieber auf seine sichere Anstellung. Und blendet oft die Tatsache aus, dass man heutzutage seinen scheinbar sicheren Arbeitsplatz schneller verlieren kann als je zuvor.

Du kannst dich aber auch in kleinen Schritten deiner Selbstständigkeit nähern.

[Übung]

Nur ein Tropfen

Widme dich jeden Tag für eine bestimmte Zeit ausschließlich der Verwirklichung innerster Ziele und Träume. Und zwar wirklich jeden Tag. Wie voll dein Terminkalender auch sein mag, fünf Minuten findest du sicher. Nimm dir die Zeit – am besten trägst du sie als Fixtermin mit höchster Priorität in deinen Kalender ein. Erweitere diese Zeit dann wöchentlich nur um fünf Minuten. Nach nur drei Jahren wirst du bereits zirka 13,5 Stunden pro Tag an der Realisierung deiner Träume basteln. Dann wirst du eigentlich fast nichts anderes mehr tun müssen. Und deiner Berufung folgen.

Aber die berufliche Selbstständigkeit ist nicht der einzige Weg zum Glück. Du kannst auch als Angestellter eines Unternehmens Großes vollbringen, deine Arbeit in vollen Zügen genießen und gleichzeitig auf die Sicherheit eines geregelten Einkommens vertrauen. Voraussetzung dafür ist allerdings, dass deine Werte, Begabungen und Ziele mit der Unternehmensphilosophie deines Arbeitgebers übereinstimmen. Und ihr euch mit vereinten Kräften an die Arbeit macht. Leider findet man solch ein Umfeld immer seltener.

Viele Unternehmen unterliegen heutzutage dem kurzsichtigen Streben nach Wachstum, der gnadenlosen Profitgier und den selbstsüchtigen Entscheidungen überbezahlter Manager, denen die Interessen ihrer Mitarbeiter mehr als egal sind. Du hast die Wahl: Entweder du wagst den Schritt in die Selbstständigkeit und nimmst ab jetzt die Sache selbst in die Hand.

Oder du suchst dir einen wertschaffenden Arbeitgeber, mit dessen Zielen und Visionen du dich voll identifizieren kannst. Um dabei auch deine eigenen Talente und Fähigkeiten entfalten zu können. Dann wirst du vielleicht weniger verdienen als bisher. Aber deine Arbeit in vollen Zügen genießen können. Und das Feuer deiner Begeisterung entfachen. Burn on statt burn out!

Diene deiner Welt

Du bist aber nicht alleine auf dieser Welt. Und dein Schicksal ist es schon gar nicht. In alten buddhistischen Texten ist daher sinngemäß auch immer vom sogenannten „kollektiven Karma" die Rede. Das kollektive Schicksal schließt alles ein und ist die Summe aller Ursachen, die irgendwo auf der Welt gesetzt werden.

Krieger wissen um diese untrennbare Verbindung von Ich und Du. Denn kollektives Karma ist immer eine Interaktion. Und bestimmt die Situation aller. Im besten Fall verbesserst du dein

Schicksal im Einklang mit deiner Umgebung. Dein eigenes Glück ist dabei immer auch für deine Mitmenschen von Nutzen. Bau dein Glück auf dem Glück deiner Mitmenschen auf. Denn erst wenn du deinen Handlungen einen höheren Sinn verleihst, indem sie auch anderen dienen, werden sie dich mit Kraft und Energie erfüllen. Glück ist eben das Einzige, das sich verdoppelt, wenn man es teilt.

Krieger bauen ihr eigenes Glück immer auch auf dem Glück anderer auf.

Versuche deshalb in jeder deiner Handlungen immer auch auf einen Nutzen für deine Mitmenschen zu achten. Wie verbesserst, verschönerst oder erleichterst du ihr Leben? Und wenn du auch in deiner beruflichen Tätigkeit einen höheren Sinn und Nutzen für deine Mitmenschen erkennst, wirst du vor Glück nur so strahlen. Was macht deine Arbeit für andere wertvoll? Worin besteht in deiner beruflichen Tätigkeit der Nutzen für deine Mitmenschen? Du kannst in jedem Beruf einen wertvollen Beitrag für andere leisten. Kannst du das an deinem derzeitigen Arbeitsplatz nicht, solltest du ihn schleunigst aufgeben. Denn das Prinzip wirkt immer in beide Richtungen. Eine Arbeit, die dich nicht erfüllt, deinem Umfeld schadet oder andere Menschen ausbeutet, wird dich früher oder später in den Sumpf der Selbstaufgabe und Frustration ziehen. Und dich niemals richtig glücklich machen.

Diene deiner Welt und versuche sie jeden Tag für deine Mitmenschen lebenswerter zu machen. Und entdecke dabei die Kraft von Verbundenheit, innerem Reichtum und Erfüllung, die deinem Leben am meisten Sinn verleiht. Dann brauchst du nicht mehr länger nach dem Sinn des Lebens suchen. Du gibst ihm einen.

Führe zur Freiheit

Deine Kraft für das Wohlergehen deiner Mitmenschen einzusetzen sollte aber nicht zum Selbstzweck verkommen. Auf dem Weg zum Krieger wurde dir große Kraft zuteil. Doch Kraft schafft auch immer Verantwortung. Übernimm sie. Ansonsten versiegt deine Kraft in den Tiefen egoistischer Selbstverbesserung.

Als Krieger bist du dazu auserwählt vorzutreten. Um an vorderster Front eines kollektiven Umdenkprozesses andere Menschen aus der Fremdbestimmung zu führen. Fast alle Menschen sehnen sich nach Freiheit und Selbstbestimmung. Und haben trotzdem nicht deinen Mut. Es liegt daher alleine in deiner Verantwortung vorzutreten. Mit gutem Beispiel voranzugehen. Mut zu beweisen. Und deine Mitmenschen in die Freiheit zu führen.

Krieger stehen an vorderster Front.

Ansonsten werden sich die Leute irgendwann mit ihrem Schicksal abfinden. Werden sich unterordnen und als Marionetten den Mächten der systematischen Fremdbestimmung und politischen Verführern dienen. So weit darfst du es nicht kommen lassen. Krieger übernehmen die Führung. Sie nützen ihre erworbenen Fähigkeiten, um ihre Mitmenschen zur Befreiung und Eigenverantwortung zu ermutigen. Und sie auf ihrem Weg zu beschützen. Wo immer das Grundrecht auf Freiheit in Gefahr ist, sind neue Krieger gefragt. Fasse Mut, übernimm die Verantwortung und tritt für andere ein.

Tritt für deine Mitmenschen ein.
Immer und überall!

Das wird dir eine große Energiequelle erschließen. Die folgende Übung wird dir die magische Wirkung verdeutlichen.

Der Fels in der Brandung

Stell dich in einer leichten Schrittstellung aufrecht hin und entspanne deine Muskulatur. Ein oder mehrere Partner versuchen dich durch konstanten Druck gegen deine Schultern aus dem Gleichgewicht zu bringen. Leg deine Handflächen leicht auf die Ellbogen des Partners und erwidere seine Kraft lächelnd mit einem leichten Druck nach oben gegen seine Arme. Du wirst erstaunt sein: So sehr sich dein Partner auch anstrengt, er kann dich keinen Zentimeter von der Stelle bewegen.

Bei der Übung scheinst du übermenschliche Kräfte zu haben. Das soll dir als Gleichnis dienen: Wenn du andere Menschen hochleben lässt, sie inspirierst und sie sprichwörtlich „hebst", wirst du deine eigene Kraft vervielfachen. Dann kann dich nichts mehr aus der Bahn werfen und du wirst, wie ein Fels in der Brandung, den Wogen des Lebens trotzen.

Öffne dein Herz

Alle Kraft ist in dir. Hast du das erst erkannt, wird sie dir zuteil. Dann hast du Zugang zu den Quellen deiner innersten Energie, sprengst die Ketten der Fremdbestimmung und kannst selbstbestimmt deiner Vision folgen. Dann hältst du das geheime Elixier der friedvollen Krieger und großen Meister in deinen Händen. Du musst diese magische Kraft aber noch sicher nach Hause bringen. Erst die Rückkehr zum Ausgangspunkt deiner Reise schließt den Kreis und verleiht dir deine ursprüngliche Kraft, Energie und intuitive Weisheit, die dir die Mächte der Finsternis immer wieder entreißen wollen. Um dich, gut getarnt in Gestalt deines „Ichs", von deinem Weg abzubringen. Ob du diese Angriffe überstehst, hängt aber nicht nur von deiner Kraft ab, sondern auch vom Glauben, diese tatsächlich zu besitzen. Daraus, sie unbedingt erlangen und bewahren zu wollen, entsteht aber schnell der Anspruch: „meine Kraft", „meine Vision" und „mein Leben". Und du lässt dich wieder von den unüberwindbaren Gegensätzen von mein und dein, von innen und außen an die Kette legen – der Kampf beginnt von Neuem. Spreng die Ketten und lass los! Löse jeden Widerstand auf und befrei dich vom Glauben, irgendetwas festhalten zu müssen. Und dich ständig gegen etwas wehren zu müssen. Weg mit dem Druck, weg mit der Angst, weg mit der Wut! Weg mit dem Widerstand!

Nur der Mut zur Liebe durch Raum und Zeit befreit die unendliche Vollkommenheit.

Was bleibt, bist du selbst. Und das Licht, das du in der anderen Wirklichkeit mutig erkämpft hast: die Liebe. Die Liebe alleine vermag alle Barrieren und Widerstände zu überwinden. Nur die Liebe überwindet die Trennung. Sie ist die Einheit selbst. Denn die Liebe unterscheidet nicht mehr zwischen Gut und Böse, Freund und Feind. Sie bewertet nicht, stellt keine Forderungen und grenzt nichts und niemanden aus. Als Liebe bezeichnen wir aber meist nur die verbindende Emotion für unsere Familie, gute Freunde und unseren Lebenspartner.

Aber schon die alten Griechen kannten zumindest drei verschiedene Begriffe für Liebe: Eros bezeichnet die Liebe und sexuelle Anziehungskraft zwischen zwei Menschen. Philia bezeichnet die Dankbarkeit und Liebe, die man Freunden und seiner Familie entgegenbringt. Agape aber stellt die höchste Form der Liebe dar. Die Meisterschaft. Und geht weit über Eros und Philia hinaus. Wörtlich bedeutet sie „sich zufrieden geben" und „jemandem Achtung schenken" und bezeichnet die magische Fähigkeit zu allmächtiger und uneingeschränkter Liebe.

Sie ist die Macht, die alle Barrieren überwinden kann. Deine letzte und größte Herausforderung auf dem Weg zum Krieger ist der Mut zur uneingeschränkten Liebe. Dieser erwächst aus der Fähigkeit, aus deinem Herzen heraus zu handeln. Denn dein Herz ist nicht nur der faustgroße Muskel in deiner Brust, der unentwegt die Lebenskraft durch dich pulsieren lässt. Es ist auch das Zentrum der Liebe. Und die beginnt bei dir selbst. Nur wenn du dich selbst liebst, kannst du auch andere lieben. Erst wenn du mit dem Schwert deines Geistes alle inneren Barrieren überwunden und dir den Mut zu deiner eigenen Vollkommenheit erkämpft hast, kannst du die Fähigkeit erlangen, diese auch in allen anderen zu erkennen. Dann kannst du anderen vergeben, wissend, dass jeder in jedem Augenblick sein Bestes gibt. Denn im Mut zur Vergebung spiegelt sich die Liebe zu deiner eigenen Vollkommenheit wider.

[Übung]

Das Herz öffnen

Mit dieser Visualisierungsübung kannst du innere Widerstände auflösen und die Energie deines Herzens aktivieren.

Leg oder setz dich entspannt hin und schließ die Augen. Leg jetzt beide Handflächen übereinander auf die Mitte deiner Brust und richte deine ganze Aufmerksamkeit auf diesen Bereich. Spüre, wie dieser Bereich immer wärmer wird. Stell dir dann eine grüne Knospe vor, die sich durch diese Wärme ganz langsam öffnet. Sie

entfaltet ganz behutsam die weißen Blätter einer wunderschönen Lotosblüte.

Visualisiere, wie sich die Blüte immer mehr öffnet und deinen ganzen Körper erfüllt. Genieße für einige Atemzüge dieses angenehme Gefühl und öffne dann langsam deine Augen.

Die Übung wird die Energie deines Herzens aktivieren. Dann kannst du gleich mit offenem Herzen durchs Leben gehen. Die nächste Übung basiert auf dem drucklosen Gehen (Übung: „Gehen wie ein Panther") und ist ebenfalls grundlegend für alle Shinergy-Bewegungen. Wenn du dich auf diese Art bewegen lernst, wirst du keine Gegenspannung mehr in deinem Gegner auslösen. Jede Abwehr- und Verteidigungsreaktion wird für ihn dadurch unmöglich werden. Außerdem wird ein Angreifer deine Bewegungen plötzlich überhaupt nicht mehr einschätzen und erahnen können. Du wirst damit aber gleichzeitig auch eine wunderbare Nähe zu und Verbundenheit mit deinen Mitmenschen herstellen können.

[Übung]

Mit dem Herzen gehen

Bewege dich zuerst drucklos und ohne dich vom Boden abzudrücken. Du „sinkst" dabei immer unter dein Standbein und nützt alleine die Wirkung der Schwerkraft zur Fortbewegung. Jetzt achtest du aber zusätzlich auf das behutsame Abheben und Aufsetzen deines Fußes. Stell dir vor, du gehst über ganz dünnes Eis oder schreitest über den Bauch eines am Rücken liegenden Freundes. Bleib dabei möglichst entspannt und löse jede wahrgenommene Muskelspannung durch die Übung „In die Entspannung schmelzen" auf.

Besonders vor wichtigen Terminen solltest du diese Art der Fortbewegung üben. Dann wirst du alle Widerstände auflösen, auf andere eingehen und den konstruktiven Verlauf fördern. Vorausgesetzt, du öffnest dich für die Bedürfnisse der Gesprächspartner. Meistens nützen wir die Sprechzeit unseres Gegenübers nur, um darüber nachzudenken, welche Argumente wir als Nächstes vorbringen können. Und hören ihm gar nicht richtig zu.

[Übung]

Die Tore öffnen

Leg beide Handflächen auf deine Brust und aktiviere die Energie deines Herzens wie in der Übung „Das Herz öffnen".
Spüre, wie nun diese Energie zu deinen Ohren wandert, und stell dir vor, wie die Ohren immer wärmer werden.

Wenn wir mit ganzem Herzen zuhören, bringen wir unseren Mitmenschen höchsten Respekt entgegen. Und das Gespräch wird weitaus offener, aufrichtiger und herzlicher verlaufen. Erst recht, wenn wir auch aus dem Herzen sprechen. Dann werden uns die anderen gleich viel mehr zuhören.

[Übung]

Brücken bauen

Aktiviere deine Herzensenergie. Beim Sprechen stellst du dir vor, wie diese Energie aus deinem Mund strömt und dein Gegenüber durchdringt. Vielleicht hilft dir das Bild von weißem Licht, das aus deinem Mund strömend deinen Gesprächspartner einhüllt.

Diese Art zu sprechen wird deinen Worten sofort mehr Kraft und Gefühl verleihen. Ob du mit Freunden sprichst, Vorträge hältst oder andere zurechtweisen musst. Man wird dich hören. Du wirst deine Gefühle zum Ausdruck bringen, andere berühren und eine Wirkung bemerken, die weit über das hinausgeht, was du sagst. Du kannst die Welt gleich mit anderen Augen sehen. Meist nehmen wir unsere Umwelt nur noch rational wahr. Alles wird sofort im Kopf analysiert, bewertet und schnell in die Schubladen eigener Erfahrungen eingeordnet. Das Wesentliche bleibt uns dadurch aber meist verborgen. Die folgende Übung verbindet dein Sehen mit deinem Fühlen. Du wirst neue Eindrücke sammeln, bisher unbekannte Details entdecken und dich an den kleinsten Dingen erfreuen.

[Übung]

Wundere dich

Schließ die Augen und aktiviere zuerst wieder deine Herzensenergie. Öffne dann die Augen und betrachte deine Umwelt mit der empfundenen Wärme und Offenheit. Stell dir vor, du würdest einzelne Gegenstände rund um dich zum ersten Mal in deinem Leben sehen, und betrachte sie mit fast kindlicher Neugier. Und wundere dich. Wenn du in der Natur bist, dann wundere dich über die Perfektion, Vielfältigkeit und einzigartige Schönheit, die den Dingen und Lebewesen innewohnt.

Auch im Alltag kannst du jeden Gegenstand zum Mittelpunkt deiner Übung machen. Betrachte aufmerksam jedes einzelne Detail und mach dir die herausragende Leistung all der Menschen bewusst, die an der Herstellung dieses Gegenstandes beteiligt waren. Du brauchst nur einmal deine eigene Armbanduhr aus diesem Blickwinkel betrachten. Und du wirst dich wundern.

Deine Umwelt auf diese Art und Weise zu betrachten wird deine Stimmung sofort verbessern und vielleicht sogar ein Lächeln auf deine Lippen zaubern. Wenn du so anderen Menschen begegnest, wirst du dieses angenehme Gefühl auch auf sie übertragen. Und eine Brücke aus Einfühlungsvermögen, gegenseitiger Wertschätzung und Verbundenheit bauen. Die Wirkung kannst du noch vervielfachen, wenn du mit der gleichen inneren Haltung andere berührst. Wenn du jemandem einfach nur deine Hand reichst, ihm aufmunternd auf die Schulter klopfst oder gar innig umarmst, tu es aus vollem Herzen. Und berühre das Herz deiner Mitmenschen.

Überwinde alle Barrieren

Die Kraft uneingeschränkter Liebe wird alle inneren Widerstände und Blockaden in dir auflösen und deine inneren Kräfte entfesseln. Dann kannst du alle Barrieren überwinden. Das klingt jetzt sicher ein wenig abgehoben. Und viel zu theoretisch. Mit folgender Demonstration kann ich dir die Wirkung dieser grenzenlosen Kraft aber leicht vor Augen führen.

[Übung]

Über alle Barrieren hinweg

Ich suche mir einen möglichst kräftigen und großen Partner. Das macht die Sache spannender. Dann stelle ich mich vor ihm hin und lege meine Handfläche auf die Mitte seiner Brust. Und bitte ihn, fest stehen zu bleiben und sich von mir nicht wegstoßen zu lassen. Sobald ich gegen seine Brust drücke, spannt er natürlich sofort alle Muskeln an, und ich kann ihn trotz aller Anstrengung keinen Millimeter von der Stelle bewegen. Druck schafft eben immer Gegendruck.

Dann bitte ich den Übungspartner um einen weiteren Versuch. Und kündige vorher sogar noch an, dass er jetzt meiner Kraft

keinen Widerstand mehr leisten können wird. Und ernte dafür nur ein mildes Lächeln. Das sich aber sofort in Verblüffung verwandelt. Denn wenn ich jetzt gegen seine Brust drücke, ist mein Partner überhaupt nicht mehr in der Lage, dagegenzuhalten. Er fühlt sich plötzlich „butterweich" und es kostet mich gar keine Anstrengung, meinen verdutzten Partner weit nach hinten zu stoßen.

Manchmal taumelt er sogar einige Meter rücklings und kann sich kaum auf den Beinen halten. Um sich kopfschüttelnd aufzurappeln und es sofort nochmals versuchen zu wollen. Doch es gelingt mir immer wieder ...

Damit kann ich die Zuseher leicht verblüffen, so als hätte ich geheime oder gar magische Kräfte. Doch die habe ich nicht. Nach einiger Übung kannst du das auch. Alles, was du tun musst, ist, deine eigenen Widerstände aufzulösen. Beim ersten Versuch habe ich mich noch auf das „Dagegendrücken" und auf den Widerstand konzentriert. Ich habe mich fest vom Boden abgedrückt, meine Muskulatur verspannt und meine Bewegung war darauf ausgerichtet, möglichst stark gegen meinen Partner zu drücken. Beim zweiten Mal jedoch habe ich das alles verändert. Ich habe mich jetzt völlig entspannt, bin auch unter den Füßen abgesunken und habe all meine inneren Widerstände aufgelöst. Um dadurch gleichzeitig alle äußeren Widerstände aufzulösen. Und sie zu überwinden.

Krieger überwinden alle äußeren Barrieren, indem sie alle inneren Widerstände auflösen.

Die Wirkung basiert auf dem gleichen Prinzip, das du schon im Kapitel „Erkenne den Gegner" erlernt hast: „Druck schafft immer Gegendruck. Spannung schafft immer Gegenspannung." Über die „Spiegelneuronen" in unserem Gehirn reagieren wir auf jede im Äußeren wahrgenommene Muskelspannung mit dem sofortigen Anspannen der entsprechenden Muskelgruppen. Ein völlig natürlicher und unbewusst ablaufender Prozess. Und wenn ich mich dann gegen den Boden stemme und alle meine Muskeln spanne, wird dieser Reflex natürlich sofort wirken, die Muskulatur meines Gegenübers aktivieren und er kann meinem Druck leicht entgegenhalten. Doch das Prinzip wirkt auch in die andere Richtung: Sobald ich nämlich meine eigenen Widerstände auflöse, absinke und mich entspanne, löse ich gleichzeitig auch jede Spannung in meinem Partner auf. Er entspannt seine Muskulatur und ist nicht in der Lage, meiner Bewegung entgegenzuhalten.

Diese Wirkung stellt für mich die höchste Meisterschaft der Kampfkunst dar. Denn die effektivsten Techniken zur Verteidigung sind niemals die stärksten und schnellsten Schläge und Tritte, sondern einzig die, die den Gegner völlig unerwartet und ohne jede Möglichkeit zur Gegenwehr treffen.

Die Fähigkeit, deine eigenen Widerstände aufzulösen, wird alle äußeren Barrieren überwinden, deine volle Kraft zur Wirkung bringen und dir die effektive Verteidigung ermöglichen. Unabhängig von deinem Alter, deiner Muskelkraft oder der Konstitution deiner Gegner. Du wirst die Fähigkeit entwickeln, deine Gegner ohne jede Möglichkeit zur Gegenreaktion effektiv zu treffen, und diese im Notfall einsetzen können.

Doch die wahre Kampfkunst ist stets auch die hohe Kunst wahren Friedens. Und die effektivsten Strategien zur Verteidigung sind immer gleichzeitig die besten zur Verbündung. Deshalb stellt diese Wirkung die höchste Meisterschaft der Friedenskunst dar. Denn Verbindung und ein friedvolles Miteinander entstehen niemals aus Druck und Widerstand. Wenn du mit Druck auf jemanden zugehst, wird dein Gegenüber unweigerlich immer auch mit Gegendruck reagieren. Und dagegenhalten müssen. Löst du hingegen deine eigenen Widerstände auf und bewegst dich, auch im übertragenen Sinne, drucklos auf andere zu, wird dies mit einem Schlag jede Gegenkraft in Luft auflösen. Wenn du deine inneren Widerstände auflöst, wirst du alle äußeren Barrieren überwinden.

Kämpfe für das Leben

Hast du diese Kraft erst einmal entfesselt, brauchst du keine zweifelhaften Moralvorschriften und dich bestimmende Konventionen mehr. Dann bist du vollkommen frei. Dann musst du auch gegen nichts und niemanden mehr kämpfen. Und kannst deine erworbenen Fähigkeiten sinnvoll einsetzen. Denn dann kämpfst du nur noch „für" etwas. Für Freiheit, für Selbstbestimmung, für Gleichheit und für Gerechtigkeit. Für das Leben. Und das einzige Gesetz, dem du dann noch folgst, ist das mystische Gesetz des Lebens selbst.

Richtig ist alles, was dem Leben dient. Falsch ist alles, was dem Leben schadet.

Diese Erkenntnis wird dir ein völlig neues Wertesystem eröffnen. Einen klaren Blick für das, was richtig ist, und das, was falsch ist: Richtig ist alles, was dem Leben dient. Falsch ist alles, was dem Leben schadet. Das wird dein eigenes Leben mit einem Schlag verändern. Denn aus diesem Prinzip ergeben sich, ganz von selbst, alle ethischen und moralischen Grundsätze eines sinnstiftenden und erfüllten Lebens.

Das Leben ist immer schützenswert. Es ist daher dein grundlegendes Recht, dein eigenes Leben und deine individuellen Bedürfnisse zu schützen. Und es ist deine Pflicht, das Leben und die Freiheit deiner Mitmenschen zu schützen. Genauso wie es in deiner alleinigen Verantwortung liegt, deine Umwelt, Tiere und Pflanzen zu schützen.

Das Recht auf Selbstbestimmung, seelische und körperliche Gesundheit, Umweltbewusstsein, nachhaltiges Wirtschaften und Nächstenliebe sowie die Verteidigung grundlegender Menschenrechte wie Meinungsfreiheit, Gleichheit und Emanzipation werden durch das mystische Gesetz des Lebens zur Selbstverständlichkeit. Und zur wahren Bestimmung der neuen Krieger.

Das befreit dich mit einem Schlag von den Ketten einschränkender Moral- und Anstandsnormen eines bestimmenden Systems. Und wird dein Gewissen beruhigen. Früher hattest du vielleicht noch ein schlechtes Gewissen dabei, innezuhalten, dir auch einmal eine Auszeit zu gönnen und das Hamsterrad ständiger Beschleunigung zu verlassen. Du hast dich stets den hohen Ansprüchen anderer verpflichtet gefühlt, musstest immer entsprechen und hattest schon Schuldgefühle, wenn du nur daran gedacht hast, deine eigenen Träume zu realisieren und dein Leben zu genießen. Jetzt wirst du jedoch sofort bemerken, wie sich deine innere Stimme warnend meldet, wenn du einmal deine eigenen Bedürfnisse verneinst, dir zu wenig Erholung gönnst, nicht ausspannst, nicht zu deiner eigenen Meinung stehst und nicht deinen innersten Herzenszielen folgst. Jetzt musst du aber überhaupt niemandem anderen mehr folgen und das Licht von Glück, grenzenloser Freiheit und Lebensfreude irgendwo außen suchen.

Es ist das Licht, das die Dunkelheit durchdringt.

Denn du bist das Licht. Du bist der Schein. Du erkennst das in allem und bist nie mehr allein. Jetzt stehst du Seite an Seite mit den großen Meistern, Kriegern des Lichts und erwachten Geistern. Und wirst in der größten Schlacht aller Zeiten in ewiger Verbundenheit zu Taten schreiten. Um dich mitten im Chaos, mitten im Leben, als neuer Krieger aus der Dunkelheit zu erheben.

Deine Zeit ist jetzt! Dein Platz ist hier!
Alle Kraft ist schon in dir!

EPILOG

Ronny Kokert – ein Traum, ein Leben

Die Geschichte von Ronny Kokert und der Entstehung von Shinergy erzählt sich wie ein Hollywood Blockbuster.

Krankheit als Wegweiser

Wir schreiben das Jahr 1984: Nach einer schweren Knochenmarkserkrankung und einem monatelangen Spitalsaufenthalt in absoluter Bettruhe wird der 13-Jährige mit einem eingeschränkten Leben ohne Sport konfrontiert. Von Ärzten und Umfeld gleichermaßen belächelt verschreibt sich Ronny Kokert der asiatischen Kampfkunst. Und deren Philosophie.

„Damals ist meine ganze Welt zusammengebrochen. Und ich wurde gleichzeitig von einer unglaublichen Energie und Zuversicht erfüllt. Damals beschloss ich die Sache selbst in die Hand zu nehmen und wusste, dass nichts mich aufhalten kann. Damals beschloss ich ein Krieger zu werden."

Zen und die wunderbare Katze

Neben dem intensiven Studium der Philosophie alter Kriegskünste und alter Schriften des japanischen Zen beschäftigt sich Ronny Kokert intensiv mit den neuesten Erkenntnissen der Sportwissenschaft und beginnt die Inhalte in sein Rehabilitationsprogramm zu integrieren. Die ersten Schritte sind aber eher enttäuschend. Er darf sich lange Zeit nur sehr eingeschränkt bewegen und muss die meisten Bewegungen erst wieder neu erlernen. Inspiration findet er dabei in einem ungewöhnlichen Trainingspartner.

„Die meiste Zeit übte ich anfangs gemeinsam mit meiner geliebten Katze. Ich bewunderte ihre Gewandtheit voller Kraft und Anmut. Dabei schien sie sich gar nicht besonders anzustrengen und motivierte mich mit ihrer spielerischen Leichtigkeit. Oft imitierte ich stundenlang ihre geschmeidigen Bewegungen und begann diese in mein tägliches Übungsprogramm zu integrieren. Manchmal glaubte ich, mich fast schon genauso mühelos und schnell bewegen zu können."

Über alle Barrieren hinweg

Sein Glaube lässt ihn Berge versetzen.

Ronny Kokert wird 1992 jüngster österreichischer Staatsmeister im olympischen Taekwondo und wiederholt diesen Erfolg in den folgenden Jahren 5 Mal. 1994 gewinnt er als erster Österreicher eine Medaille bei den US-Open-Meisterschaften und kämpft fast ein Jahrzehnt im österreichischen Nationalteam erfolgreich bei Vollkontaktturnieren in Europa, Asien und den USA. 1998 krönt er seine Kampfsportkarriere als Open-Taekwondo-Weltmeister im Bruchtestbewerb.

Vision versus Realität

Ronny Kokert lernte viele Stile und Lehrer kennen, doch die Art und Weise, wie Kampfkunst unterrichtet wurde, war nicht der

Weg, den er ursprünglich suchte. Die klassischen Kampfkünste waren meist auf starren Bewegungsvorschriften, brachialen Techniken und unbrauchbaren Trainingsmethoden aufgebaut. Realistische Selbstverteidigung wurde kaum gelehrt, spirituelle Aspekte der Kampfkunst meist nur als mystisches Beiwerk betrachtet und auf moderne Erkenntnisse der Sportwissenschaft schien auch niemand Wert zu legen.

„Meine Vision vom glanzvollen Krieger bekam in der Konfrontation mit der Realität ein paar kräftige Schrammen ab. In meinem Herzen überlebte die Vision einer Kampfkunst, die mehr kann, als fremdbestimmt Patentrezepten zu folgen, sich hierarchischen Strukturen zu unterwerfen und andere zu besiegen. Ich träumte von einer Kampfkunst, die das volle menschliche Potenzial an innerster Kraft entfesselt."

Ein Traum wird zur Wirklichkeit

Und so begann Ronny Kokert ein Trainingskonzept zu entwickeln, das auf den Prinzipien universeller Weisheitslehren, alten Kriegslehren verschiedenster Kulturen und der Lehre des Zen-Buddhismus basiert.

Doch es sollten noch Jahre vergehen, bis auch die letzten Barrieren überwunden waren: In Birmingham traten 1998 bei den „Open Taekwondo World Championships" Kämpfer verschiedener Stile gegeneinander an. Am letzten Turniertag stand Ronny im Bruchtestfinale, bei dem der Kämpfer mit der größten psychisch-physischen Kraft ermittelt wird, einem um 30 Kilogramm schwereren US-Amerikaner scheinbar chancenlos gegenüber.

„Plötzlich schien die Zeit stillzustehen und ich wurde von einer unglaublichen Ruhe und Zuversicht erfasst. Ich war mir plötzlich sicher, dass mein Geist alles durchdringen kann. In dem Moment, als die Bretter ohne jeden Widerstand unter meinem Fuß zersplitterten, brach auch die letzte Barriere in meinem Kopf. Ich wusste, dass die Zeit reif war für eine neue Dimension der Kampfkunst und mich nichts mehr aufhalten kann."

Shinergy besticht auf den ersten Blick durch variantenreiche, blitzschnelle Techniken und die katzenhaft anmutigen Bewegungen. Die Trainierenden agieren in einer Geisteshaltung höchster Gegenwärtigkeit und bewegen sich mit Leichtigkeit und scheinbar müheloser Kraft.

Eine einzigartige Übungsmethodik macht die Shinergy-Prinzipien direkt erfahrbar und ermöglicht die dreidimensionale und flexible Reaktion.

Im Mittelpunkt stehen aber der respektvolle Umgang mit dem Übungspartner, die Integration innerer und äußerer Barrieren und die Rückverbindung mit innersten Quellen grenzenloser Energie, Kreativität und innerster Kraft. Denn: Alle Kraft ist schon ins uns!

Seit 1999 wird Shinergy von ausgebildeten Trainern unterrichtet und begeistert seither tausende Teilnehmer in actionreichen Kursen.

Namhafte internationale Unternehmen setzen seit 2000 in speziellen Management-Seminaren auf die Kraft von Shinergy.

2001 eröffnete im Herzen Wiens das weltweit einzigartige Trainingszentrum Shinergy[zone].

Seit 2003 wird die Shinergy-Methode als Pflichtfach im Studium der Sportwissenschaft an der Universität Wien unterrichtet.

Seit 2007 unterrichten diplomierte Shinergy-Instruktoren in lizenzierten Kursen und Schulen.

www.shinergy.com